普 通 高 等 职 业 教 育 规 划 教 材
21世纪卓越汽车应用型人才培养专用教材

U0819405

汽车性能检测技术

实训项目作业书

组　编　华汽教育
主　编　党宝英
副主编　徐　东　何云丰　张孝升
主　审　夏令伟

同濟大學出版社
TONGJI UNIVERSITY PRESS

内 容 提 要

本书是“汽车性能检测技术”课程的配套实训教材，在内容编排上本着近期“必需够用”和将来“迁移可用”的原则，培养学生基本的岗位职业能力和实际操作技能。全书共8个实训项目，包括：汽车发动机性能检测，汽车制动性能的台试检测，汽车转向轮侧滑量检测，汽车车轮定位参数检测，汽车车轮动平衡检测，汽车悬架装置检测，汽车排气污染物检测与汽车前照灯检测。

本书不仅可以作为汽车专业高职在校学生学习“汽车性能检测技术”的实训教材，也可作为汽车从业人员业务培训和汽车检测维修职业技能资格考核的参考用书。

图书在版编目(CIP)数据

汽车性能检测技术实训项目作业书/党宝英主编.
--上海：同济大学出版社，2012.1(2018.8 重印)
普通高等职业教育规划教材 21世纪卓越汽车应用型人才培养专用教材
ISBN 978-7-5608-4767-2

Ⅰ. ①汽… Ⅱ. ①党… Ⅲ. ①汽车—性能检测—高等职业教育—教学参考资料 Ⅳ. ①U472.9

中国版本图书馆CIP数据核字(2012)第006738号

普 通 高 等 职 业 教 育 规 划 教 材
21世纪卓越汽车应用型人才培养专用教材

汽车性能检测技术实训项目作业书

组编 华汽教育 **主编** 党宝英 **副主编** 徐 东 何云丰 张孝升 **主审** 夏令伟

责任编辑 陈佳蔚 **责任校对** 徐春莲 **封面设计** 庞 波 **项目执行** 陈佳蔚 周群飞

出版发行 同济大学出版社(www.tongjipress.com.cn 地址：上海市四平路1239号
邮编：200092 电话：021-65985622)
经 销 全国各地新华书店
印 刷 常熟市大宏印刷有限公司
开 本 889 mm×1 194 mm 1/16
印 张 9.75
印 数 13601-14600
字 数 312 000
版 次 2012年1月第1版 2018年8月第11次印刷
书 号 ISBN 978-7-5608-4767-2

定 价 21.00元

普 通 高 等 职 业 教 育 规 划 教 材

21世纪卓越汽车应用型人才培养专用教材

专业建设指导委员会

普 通 高 等 职 业 教 育 规 划 教 材
21世纪卓越汽车应用型人才培养专用教材

编审委员会

序

汽车产业是我国最重要的支柱产业之一，对国民经济的发展起着重要的作用。经过几代人的共同努力，20世纪90年代初我国的汽车产业进入了前所未有的全面快速发展阶段。2009年国内汽车产业实现了历史性跨越，以年产、销量均超1 000余万辆而居全球之首。

我们国家虽已成为汽车大国，但还远不是汽车强国。我们还没有大型国际化汽车公司，没有世界知名的自主汽车品牌，没有完全掌握汽车工业的核心技术，对国外汽车市场的开拓尚处于起步阶段。显然，要成为汽车强国，任重而道远。

汽车产业具有人才密集、资金密集、技术密集、装备集约化和生产规模化的特点。在这些产业要素中，专业人才具有极为重要的地位。无论是在汽车的研发、制造等汽车产业链的前端，还是在汽车的销售、应用、维修乃至报废处理等汽车产业链的后端，都需要大批具备基本理论知识、掌握现代汽车核心技术、具有熟练操作技能的工程技术人员和技术工人。

就汽车后市场而言，随着我国汽车产业的加速发展、汽车技术的不断进步、汽车社会保有量的持续增加，从事汽车技术服务与营销、汽车检测与维修的从业人员已日益增多，对高质量、高技能人才的需求仍将不断扩大，各类训练有素的高技能人才的短缺是不争的事实，这已引起全国上下的广泛关注。

开展多层次、多种形式的职业教育，加强从业人员的职前和职后培训，是解决汽车专业人才紧缺的有效途径。为此，许多高等职业院校增设了汽车专业，与汽车技术普及和提高相关的各类培训机构和技能鉴定机构亦大量涌现，职业教育呈现出良好的发展势头。然而，由于传统教学体制和教学理念的局限性，高等职业院校的专业建设水准与汽车产业发展的实际需要还有很大差距；各类培训机构也同样面临提高培训质量的问题。诚如教育部"教高[2006]16号文件《关于全面提高高等职业教育教学质量的若干意见》"中所指出："随着我国走新型工业化道路、建设社会主义新农村和创新型国家对高技能人才要求的不断提高，高等职业教育既面临着极好的发展机遇，也面临着严峻的挑战。"显然，提高教育质量和技能培训质量是当前高等职业教育面临的最大挑战。

教材建设是高等职业院校专业建设的基石，是人才培养计划得以成功的必要条件，是提高高等职业教育质量的重要保障。为认真贯彻党的十七大会议精神和《国务院关于大力推进职业教育改革与发展的决定》，根据教育部大力推动技能型紧缺人才培养培训工程的指导思想，同济大学出版社联合上海中锐教育集团旗下的华汽教育、无锡南洋职业技术学院以及与中锐教育集团合作开办汽车相关专业的全国15所高等职业院校，在总结近几年教学经验的基础上，组织编撰了"普通高等职业教育规划教材·21世纪卓越汽车应用型人才培养专用教材"丛书。

为了做好教材的组编工作，编撰人员深入探讨了国内高等职业院校的特点和教学规律，对德国、美国、日本等发达国家的汽车职业教育进行了多次考察，同时结合中锐教育集团为汽车生产厂商开发企业内部培训课程的经验，力求在"因材施教、学以致用"上有所突破；力求在"淡化学科分类、突出综合应用"

上有所突破；力求在高等职业院校教材的内容、体例、风格上有所突破。

本丛书是为培养高素质、高技能紧缺人才而编写的，为此组建了以高等院校、高等职业技术学院、汽车工程学术组织、汽车技术研究机构、汽车生产企业、汽车经销服务企业、汽车维修行业协会、汽车流通行业协会以及汽车职业技能培训机构等各方人士相结合的教材编审委员会，以保证教材质量，促进我国高等职业教育事业的发展，造福于莘莘学子。

真诚地希望本丛书的出版能对我国的职业教育和技能培训有所裨益，热切期待广大读者提出宝贵意见和建议，使教材更臻完善。

李理光

2010 年 7 月

前　言

高等职业教育实践教学是非常重要的教学环节，其中针对专业核心课程所设置的实训项目是巩固专业知识、训练专业操作技能的必要手段。《汽车性能检测技术实训项目作业书》是“汽车性能检测技术”课程的配套实训书，在内容编排上本着近期“必需够用”和将来“迁移可用”的原则，培养学生基本的岗位职业能力和实际操作技能。

本书结合高等职业教育特点，在对汽车企业进行实践和充分调研基础上，按照汽车检测与维修行业的实际状况，以及对检测维修人员的岗位能力要求，进行专业知识和技能的整合，突出专向技能训练。本书以汽车整车性能检测为主线，包括8个实训项目，分别为：汽车发动机性能检测，汽车制动性能的台试检测，汽车转向轮侧滑量检测，汽车车轮定位参数检测，汽车车轮动平衡检测，汽车悬架装置检测，汽车排气污染物检测，汽车前照灯检测。

本书将传统的实训指导书和实训报告进行整合，简明实用，可操作性强，可以用于“汽车性能检测技术”课程实训教学时的课前预习、设备与材料准备、实训操作指导、实训操作过程记录和实训后的复习思考，帮助学生训练汽车主要性能检测方法，掌握必要的操作规范，巩固汽车检测知识与技能，提高实训效果。

本书可以作为汽车专业高职在校学生学习“汽车性能检测技术”的实训教材，也可作为汽车从业人员业务培训和汽车检测维修职业技能资格考核的参考用书。

本书由党宝英任主编，徐东、何云丰、张孝升任副主编，高明、张俊、张维伟、金子华协助编写本书并提供许多实物照片，夏令伟任主审。在编写过程中，广泛征求了华汽教育各相关院校和大量专业维修技术人员的意见，并且得到了华汽教育教材编写委员会委员和许多同行的大力支持，在此表示诚挚的感谢。本书参考了国内公开出版的相关著作和文献资料，以及检测设备使用说明书等，在此向所有参考文献的作者及相关资料的原作者表示诚挚的谢意。

由于编者水平有限，书中不足之处在所难免，敬请读者及有关专家批评指正。

编　者

2011年12月

目　录

实训一　汽车发动机性能检测

姓名：＿＿＿＿＿＿＿　　班级：＿＿＿＿＿＿＿　　日期：＿＿＿＿＿＿＿

一、实训指导

(一) 实训目标

1. 熟悉发动机加速性能与发动机动力性的关系；
2. 掌握用汽车故障诊断仪测试发动机性能的方法和步骤；
3. 掌握用气缸压力表检测发动机气缸压力的方法和步骤；
4. 熟悉发动机进气歧管真空度表征故障的类别和原理；
5. 掌握发动机进气歧管真空度的检测方法和步骤。

(二) 安全要求及注意事项

1. 测试用车辆只能由指定的教师操作；
2. 严格安全操作规程,在室内检测时,要将排气管连接到尾气抽排系统；
3. 发动机作加速性能测试时,要控制转速,不得长时间空载高速运转；
4. 发动机工作均匀性测试时,将发动机转速稳定在怠速的150％进行测试；
5. 对带三元催化转化器的汽车不能长时间进行断缸测试,以防催化剂中毒；
6. 一般说明书中给出的某种型号发动机的气缸压力值,是在特定条件下得到的,因此使用气缸压力表检测气缸压力时,必须满足相应检测条件；
7. 把真空表的软管与发动机连接时,应在发动机相应部位加装三通接头以便测量；
8. 真空度检测前,检查发动机运转部件运动自如无干涉,发动机相关部件和参数(进、排气道,配气相位,点火正时等)正常。

(三) 设备/工具/耗材要求

设备：大众或其他车型乘用车2辆。

工具：气缸压力表1套,火花塞套筒扳手1个,真空表及连接附件1套,汽车故障诊断仪1台,压缩空气系统1套,常用工具1套。

耗材：无。

(四) 实训操作指导

1. 利用整车进行发动机加速性能测试

1) 测试前准备

(1) 调整发动机的配气机构、燃油供给系统、点火系统，使之处于完好技术状态。

(2) 检查发动机冷却液和机油，其容量应符合规定。

(3) 起动发动机，预热到正常工作温度(冷却液温度达 80℃～90℃)。

2) 通过汽车转速表观察发动机工作状况

(1) 使汽车发动机怠速运行，记录怠速转速。

(2) 缓慢加速至 3 000 r/min，观察发动机加速性能。

(3) 急踩加速踏板至节气门 1/2 开度，观察发动机可达到的转速，在 5 000 r/min 左右。

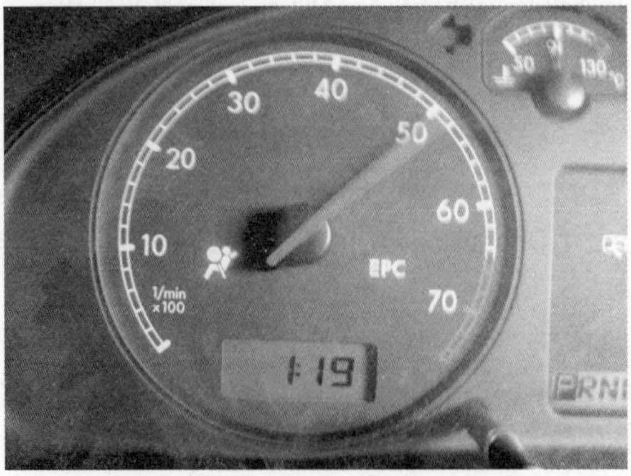

(4) 记录发动机各种状态下的转速和工作状况，并进行性能分析。

3）通过汽车故障诊断仪测试发动机性能

（1）将汽车故障诊断仪（以元征 X－431 为例）插头与汽车诊断接口相连接。

（2）打开点火开关，汽车故障诊断仪的指示灯点亮后，打开诊断仪开关。

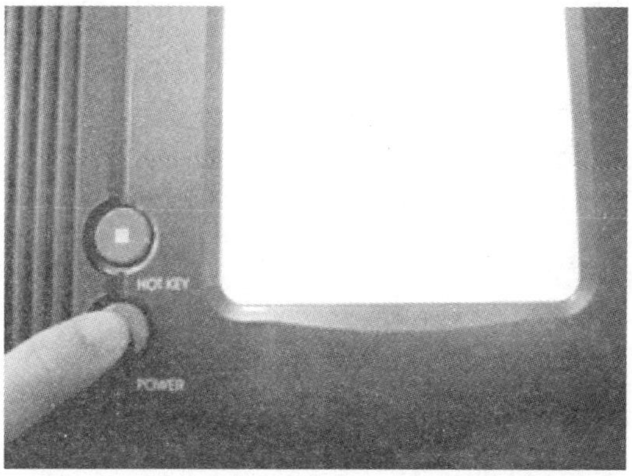

（3）从“开始”菜单下起动诊断程序，单击“开始”按钮，并在其弹出菜单中选择“诊断程序”汽车解码程序，则进入诊断主界面。

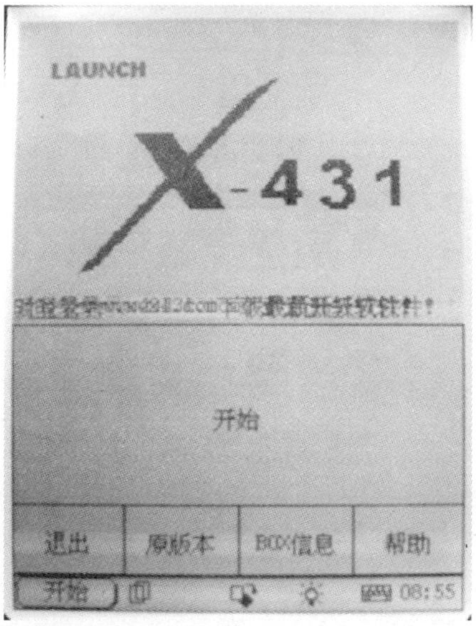

（4）在诊断主界面下单击“开始”按钮，屏幕显示车系选择菜单。

(5) 单击要检测的车型图标，如单击第一项上海大众，屏幕显示版本号和可测系统等信息。

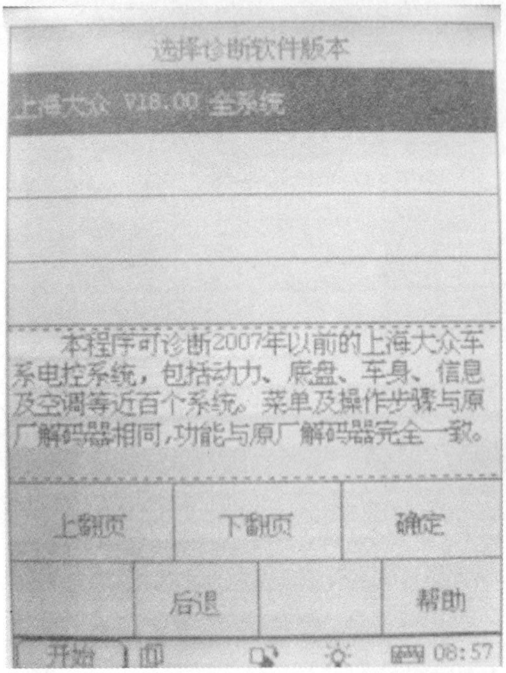

(6) 单击“确定”按钮，进入“系统及SMARTBOX初始化”，对SMARTBOX进行复位和检验，并下载诊断软件，下载完毕，显示成功。

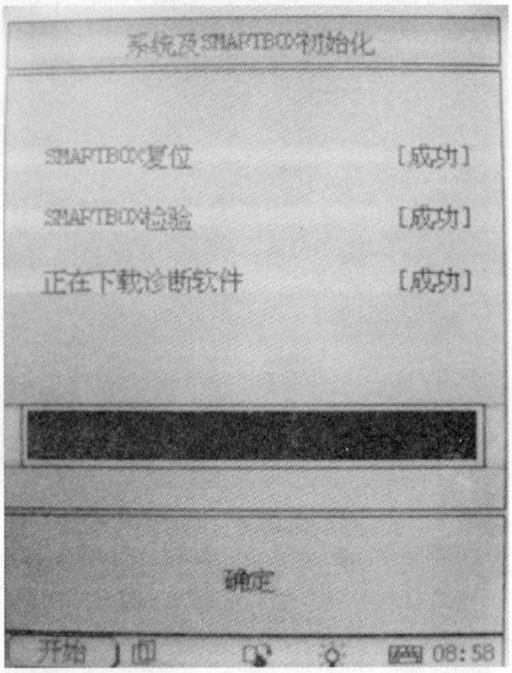

(7) 初始化成功后，单击“确定”进入系统。

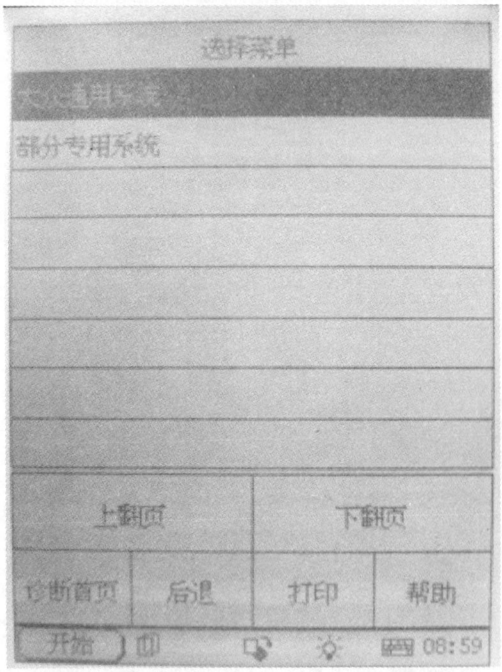

(8) 单击“大众通用系统”，进入系统功能菜单。

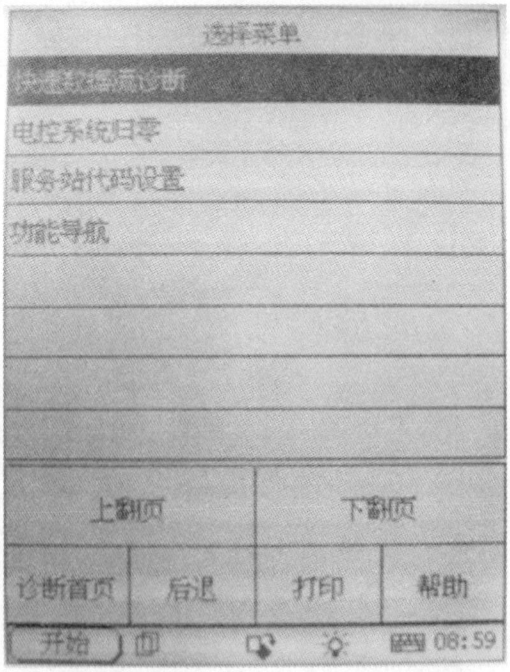

（9）单击“快速数据流诊断”，进入系统选项，选择“非 CAN BUS 系统”。

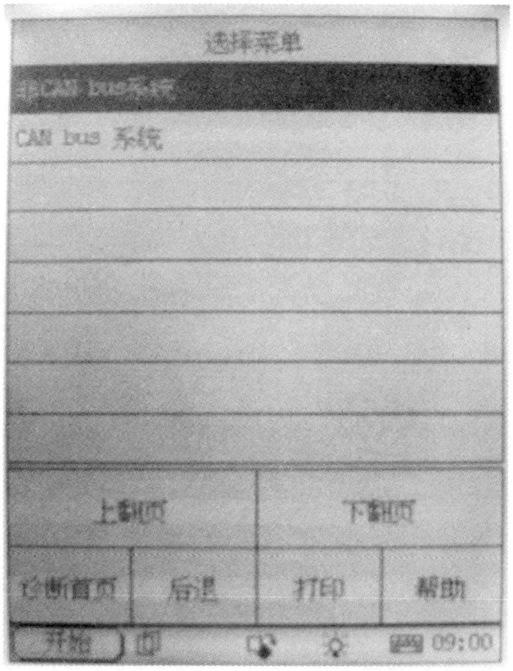

（10）单击“非 CAN BUS 系统”，进入“发动机系统”选项。

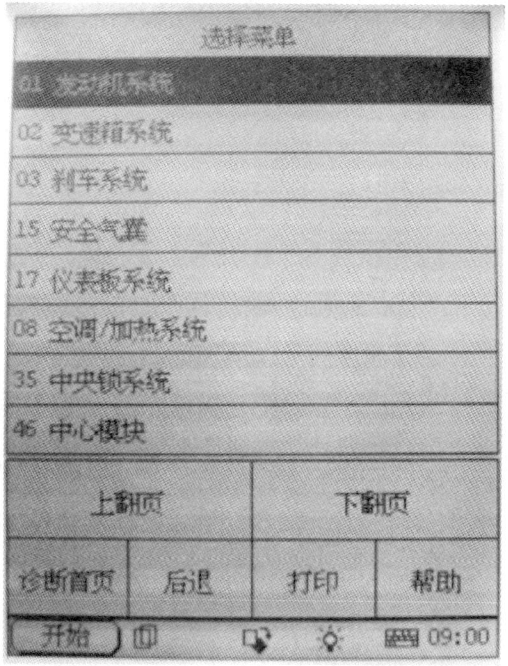

（11）单击“发动机系统”，屏幕提示“请选择［OBD Ⅱ－16C］接头”。

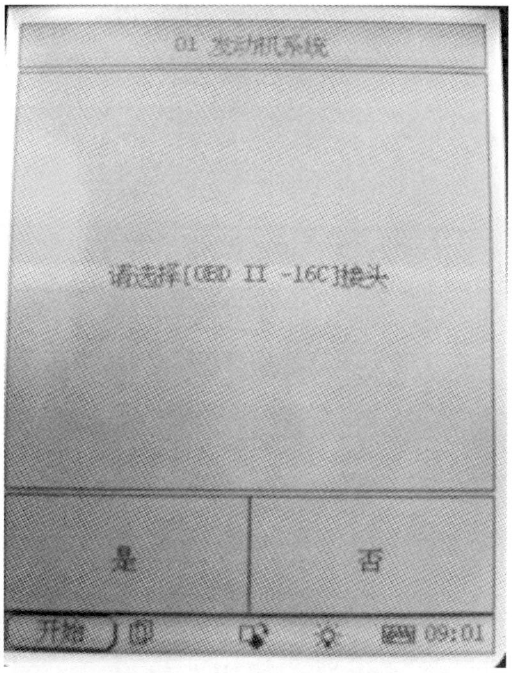

（12）单击“是”，诊断仪自动读取电脑型号。

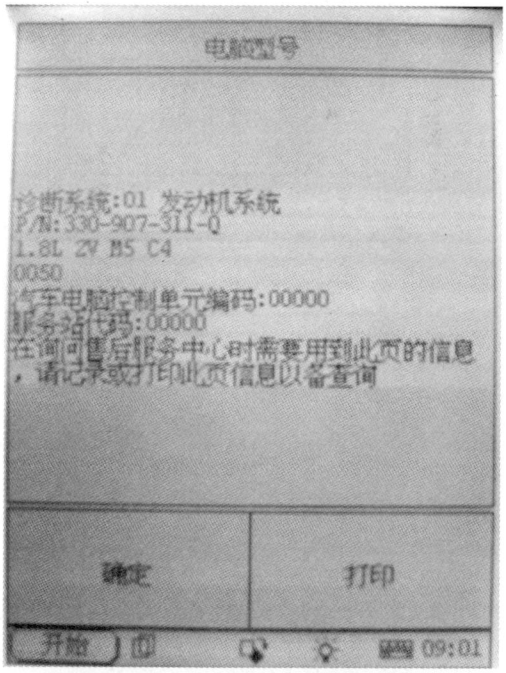

(13) 单击“确定”，进入诊断系统，选择“08 读测量数据流”选项。

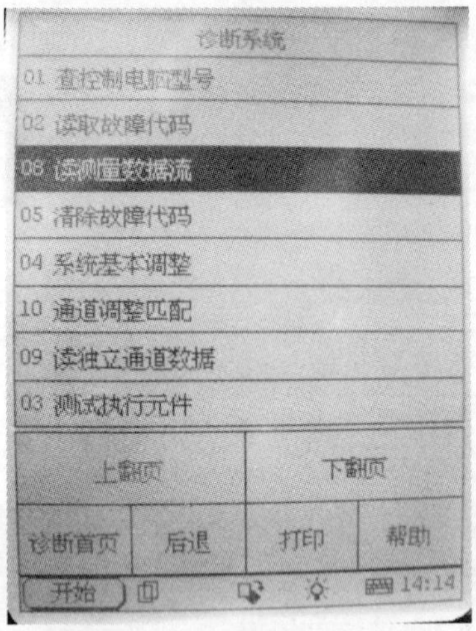

(14) 进入“08 读测量数据流”选项，输入组号，单击“确定”，可读取数据流。

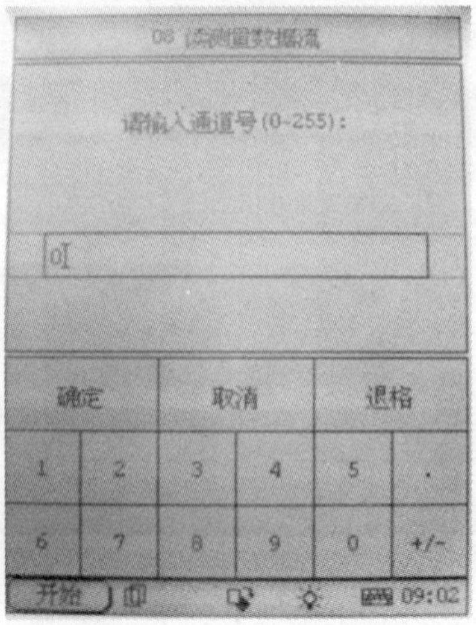

(15) 读取发动机怠速时的数据流。

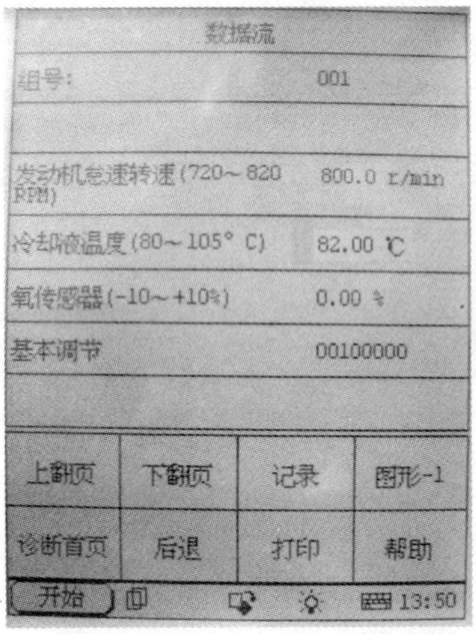

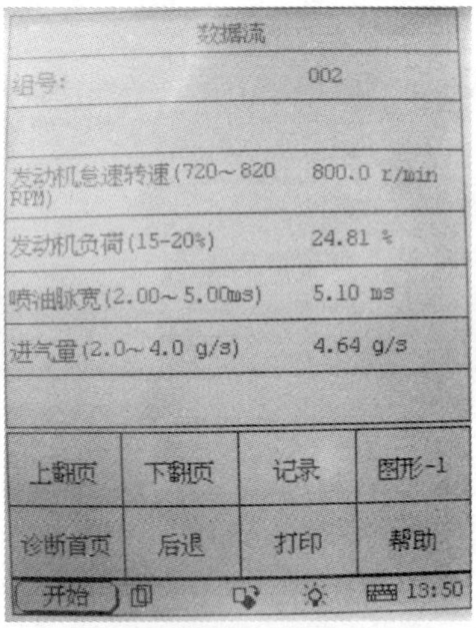

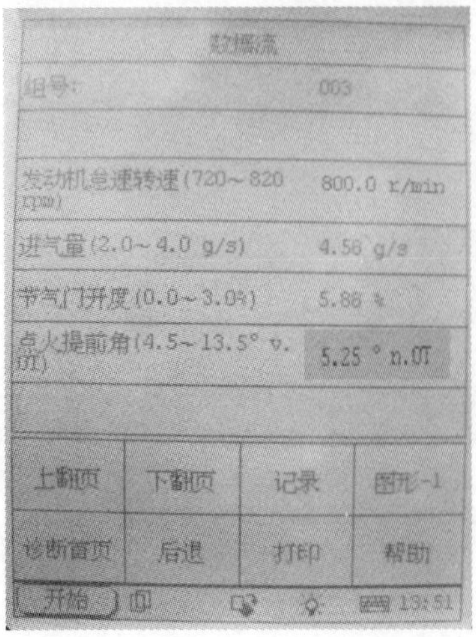

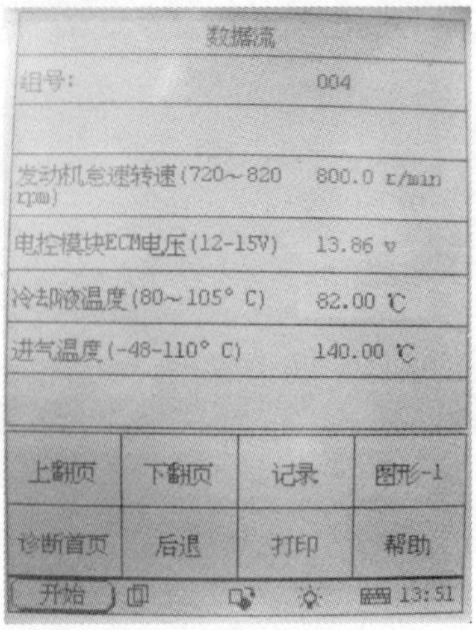

（16）读取发动机加速至大约 3 000 r/min 时的数据流。

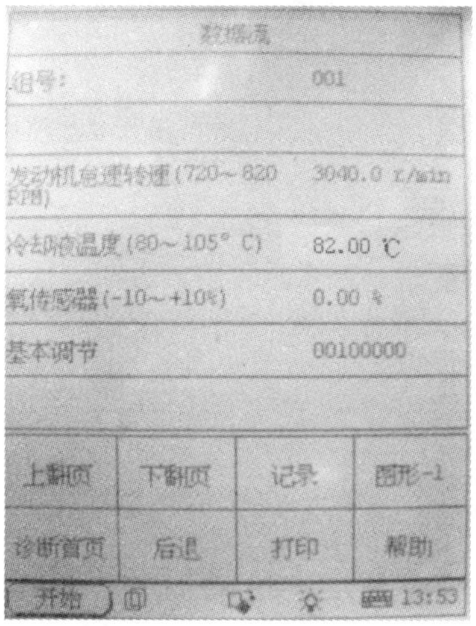

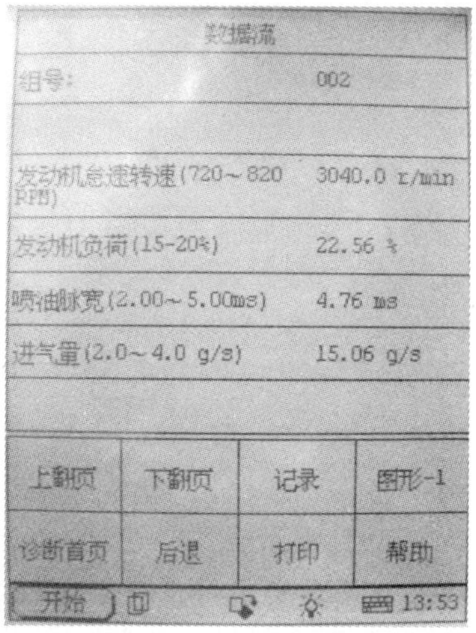

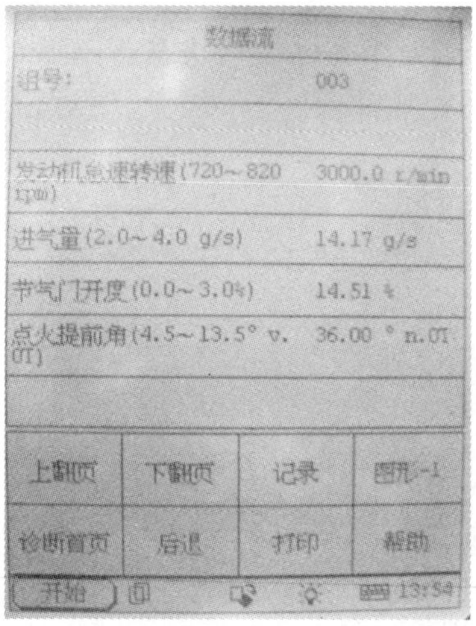

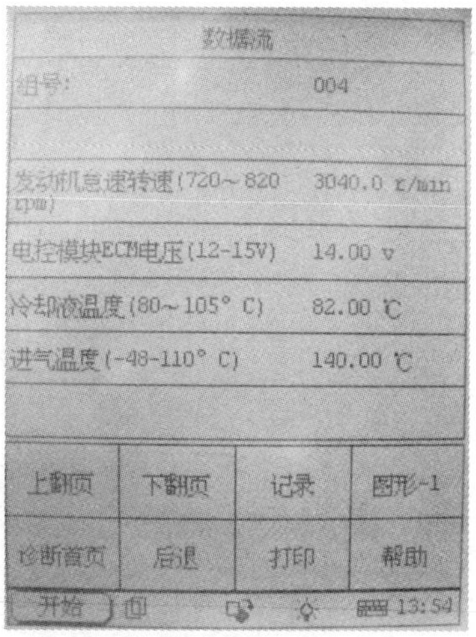

（17）读取急踩加速踏板至节气门 1/2 开度时的数据流。

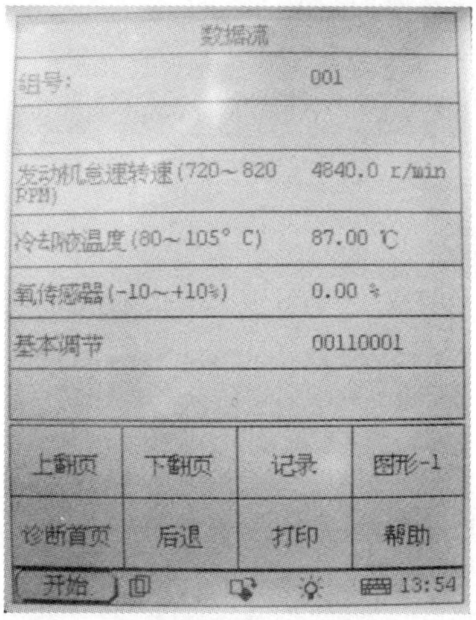

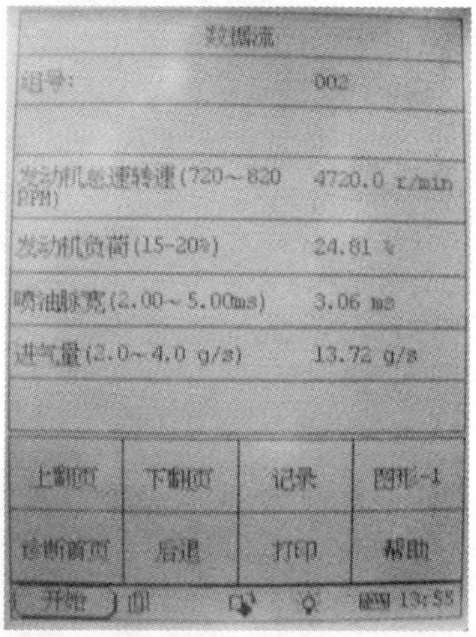

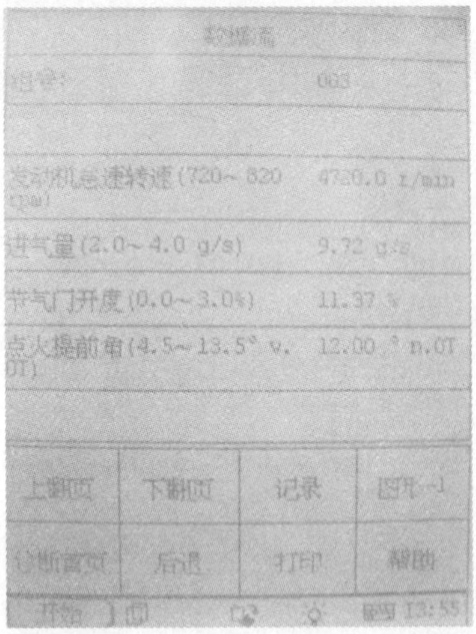

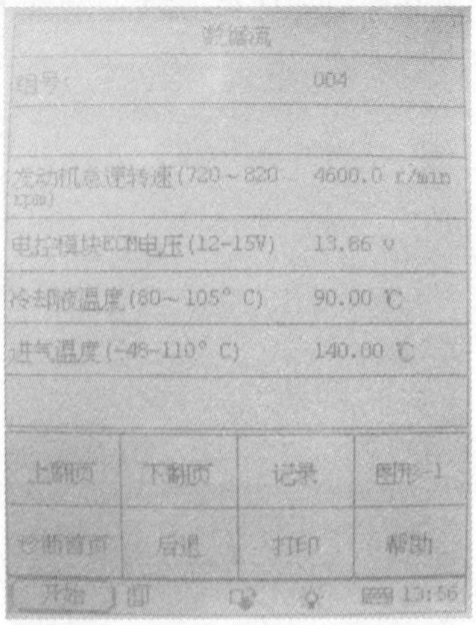

2. 用气缸压力表检测发动机气缸压缩压力

1）检测前准备

(1) 调整发动机的配气机构、燃油供给系统、点火系统，使之处于完好技术状态。

(2) 发动机运转至正常工作温度（冷却液温度达 80℃～90℃）后停机。

2）检测操作步骤

(1) 将空气滤清器拆下，使发动机进气更加通畅。

① 用十字起子拧松进气管卡箍。

② 拆下空气滤清器盒四周的卡子。

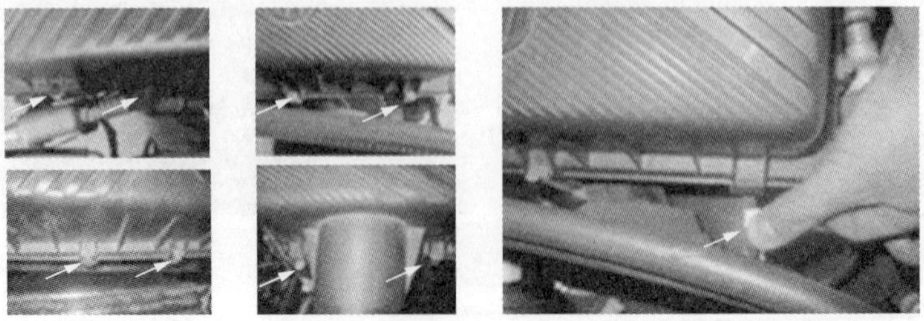

③ 将空气滤清器盒盖取下。

④ 取出空气滤清器滤芯。

⑤ 用气枪将空气滤清器盒内的杂质吹干净。

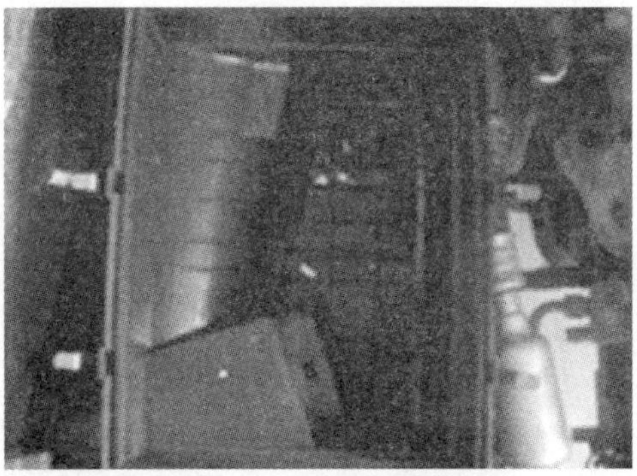

（2）用气枪将火花塞和喷油器周围的杂物吹干净，以免拆卸火花塞时掉入气缸内。

(3) 将点火线圈线束插头拔掉，以防分缸线拔掉后电击和着火。

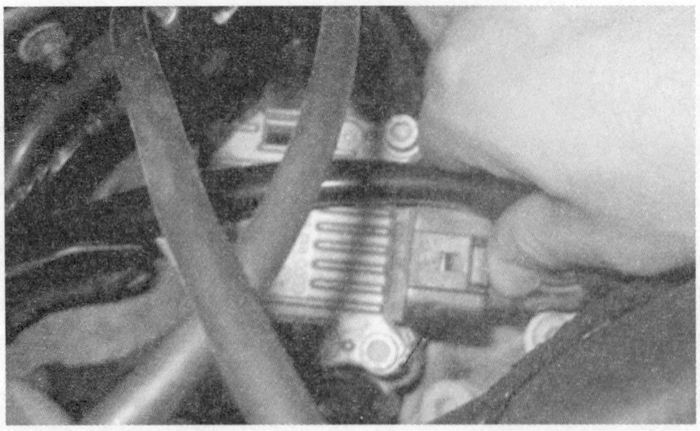

(4) 拆下转向盘下端的保险和继电器盒盖，拔掉燃油泵继电器(167)，以免出现淹缸现象。

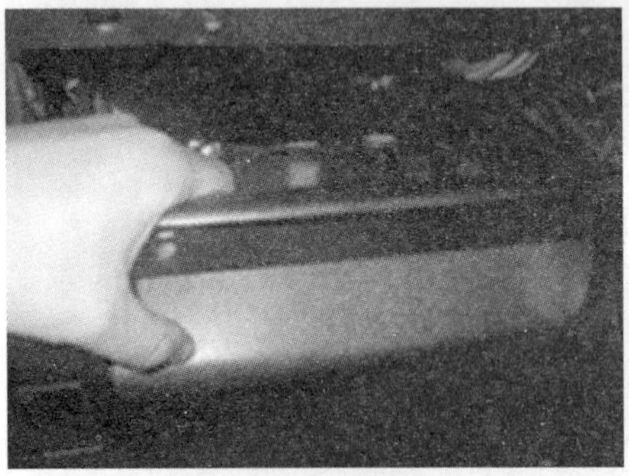

(a) 拆下保险和继电器盒盖

(b) 拔掉燃油泵继电器

(5) 拔下各缸分缸线，用火花塞套筒拆卸火花塞，按气缸次序依次放置。

①拔下分缸线。

②用火花塞套筒拆卸火花塞。

③取出火花塞。

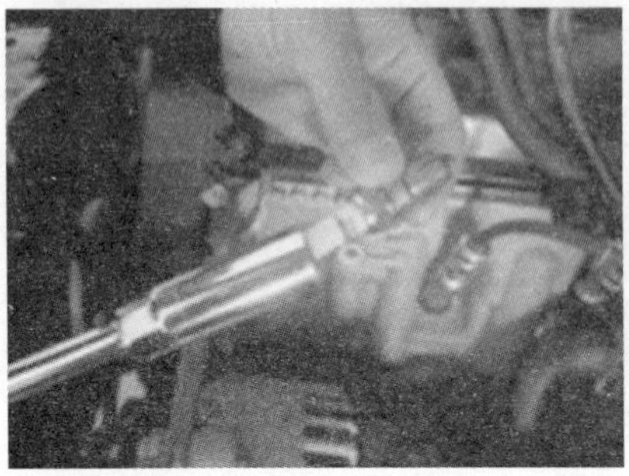

④按气缸次序依次放置。

(6) 将气缸压力表接头旋入气缸火花塞孔中。

(7) 节气门置于全开位置,用起动机转动曲轴3～5 s(不少于四个压缩行程),待压力表指针指示并保持最大压力后停止转动,此时记下气缸压力表的读数,然后按下单向阀使压力表指针归零。

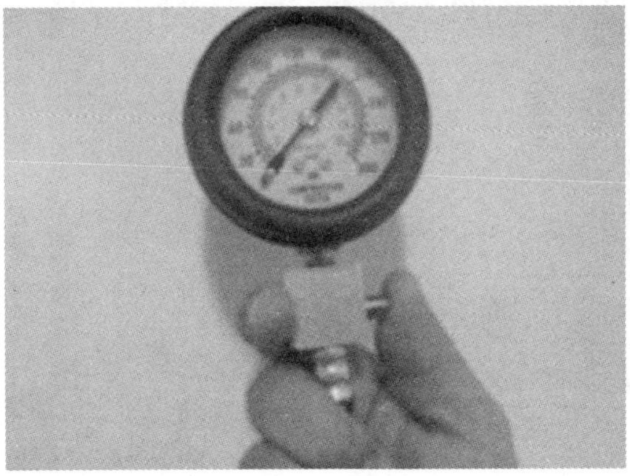

(8) 按上述方法依次测量各缸气缸压力,每缸测量次数不少于两次。

(9) 检测结束,将火花塞、分缸线、空气滤清器等安装还原。

3. 用真空表检测发动机进气歧管真空度

发动机进气歧管真空度的大小随气缸活塞组零件的磨损而变化,并与气门组零件的技术状况、进气管的密封性以及点火系统和供油系统的调整有关。因此,检测进气歧管真空度,可以用来诊断发动机是否存在故障。

1) 检测前准备

(1) 检测前要拉好驻车制动器,放好挡块,挂入空挡,以免发生意外事故。

(2) 检测进气管真空度时,首先将发动机预热到正常工作温度,同时检查发动机的燃料系统、润滑系统、冷却系统、电器系统及外观状况,进行检测前的准备。

2) 检测操作步骤

(1) 打开发动机盖,找到真空管,并拆卸真空管卡箍,将真空管拔开(一般真空管连接活性炭罐电磁阀和真空助力器)。

①打开发动机盖。

②找到发动机真空管。

③松开真空管卡箍。

④拔开真空管。

(2) 选择合适的真空表接头，将真空表与真空管连接。

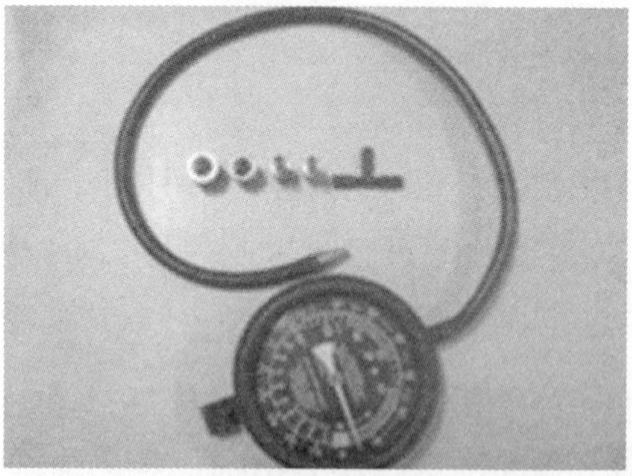

(3) 变速器处于空挡位置(自动变速器则处于 N 挡或 P 挡)，发动机怠速运转，检查真空表和进气歧管连接软管及各接头部位，均不得有泄漏。

(4) 在怠速、加速、减速等各种工况下读取真空表上的读数。考虑到进气管真空度随海拔增加而降低，海拔每升高 1 000 m，真空度将减少 10 kPa 左右。因此，在测定真空度时，应根据所在海拔高度修正真空度标准值。

(5) 按真空表显示值及摆动情况，结合其他故障现象及诊断方法，判断发动机故障并予排除。

(6) 故障排除后，重新进行检测，验证发动机工作状况。

真空表读数与发动机状况的对应关系

序号	检测条件	真空表显示	技术状况
1	在海平面高度，发动机怠速运转时	真空表指针稳定在 57～71 kPa 范围内	正常
2	当迅速开启、关闭节气门时	指针能随之摆动在 6.8～84 kPa 之间	表示良好
3	发动机怠速运转	表针低于正常值(60～70 kPa)	主要是活塞环、进气歧管衬垫漏气，也可能与点火过迟或配气过迟有关
4	发动机怠速运转时，突然开启节气门	表针回落到零附近	主要是活塞环、进气歧管衬垫漏气
5	发动机怠速运转时，突然开启、关闭节气门	表针回跳不到 85 kPa	
6	发动机怠速运转	表针时时跌落 13 kPa 左右	节气门有可能被结胶粘住
7	发动机怠速运转	表针有规律地下跌数千帕	某气门烧坏
8	发动机怠速运转	表针跌落 7 kPa	表示气门与座不密合
9	发动机怠速运转	表针很快地在 47～60 kPa 之间摆动	表示气门与导管磨损
10	发动机加速	表针由快速摆动到指针稳定	
11	发动机怠速运转	表针在 33～75 kPa 之间缓缓摆动	表示气门弹簧弹力不足
12	提高发动机转速	表针由缓缓摆动到剧烈摆动	
13	发动机怠速运转	表针停留在 27～50 kPa 之间	表示气门机构失调，气门开启过迟
14	发动机怠速运转	表针跌落在 47～50 kPa 之间	表示点火时刻过迟
15	发动机怠速运转	表针在 47～53 kPa 之间缓缓摆动	表示火花塞电极间隙过大或过小
16	发动机怠速运转	表针在 17 kPa 以下	表示进气歧管衬垫漏气
17	发动机怠速运转	表针在 17～65 kPa 之间大幅摆动	表示气缸垫漏气
18	发动机怠速运转	表针最初指示较高，然后跌落到零，接着又返回到 53 kPa	表示排气管、消声器堵塞

4. 检测标准及要求

(1) 气缸压缩压力标准值一般由汽车制造厂提供。根据《营运车辆综合性能要求和检验方法》(GB18565—2001)的规定，在用汽车发动机各气缸压力应不小于原设计值的 85%，每缸压力与各缸平均压力的差：汽油机应不大于 8%，柴油机应不大于 10%。

(2) 根据《商用汽车发动机大修竣工出厂技术条件第 1 部分：汽油发动机》(GB3799.1—2005)的规定，在正常工作温度和标准状态下，发动机怠速运转时，进气歧管真空度符合原设计规定，其波动范围：6 缸汽油发动机一般不超过 3 kPa；4 缸汽油发动机一般不超过 5 kPa。

二、工作页

实训车辆 1：车型________________、排量________________、燃油类别________________

实训车辆 2：车型________________、排量________________、燃油类别________________

检测仪器 1：名称________________、型号________________

检测仪器 2：名称________________、型号________________

1. 写出发动机加速性能测试的主要操作步骤及注意事项。

序号	操作步骤	注意事项
1		
2		
3		
4		

2. 写出用气缸压力表检测气缸压力的主要操作步骤及注意事项。

序号	操作步骤	注意事项
1		
2		
3		
4		
5		
6		
7		
8		
9		

3. 写出用真空表检测进气歧管真空度的主要操作步骤及注意事项。

序号	操作步骤	注意事项
1		
2		
3		
4		
5		
6		

4. 检测结果记录分析。

(1) 记录分析发动机加速性能。

加速性能	________车	________车
怠速	________r/min	________r/min
缓慢加速至 3 000 r/min，观察发动机加速性能	良好 差	良好 差
猛踩加速踏板至 1/2 位置，观察发动机可达的转速	________r/min	________r/min
加速性能结论	良好 一般 差	良好 一般 差

(2) 记录各缸气缸压缩压力，并进行分析、判断。

检测气缸	气缸压缩压力标准值/kPa	气缸压缩压力检测值/kPa	分析、判断
第 1 缸			
第 2 缸			
第 3 缸			
第 4 缸			

三、复习思考题

1. 汽车动力性能检测项目有哪些？

2. 汽车动力性能检测的方法有哪两种？

3. 如何用汽车故障诊断仪检测发动机性能？

实训二　汽车制动性能的台试检测

姓名：＿＿＿＿＿＿　　班级：＿＿＿＿＿＿　　日期：＿＿＿＿＿＿

一、实训指导

(一) 实训目标

1. 了解汽车制动检验台的基本结构和工作原理；
2. 能正确使用制动检验台进行汽车制动性能检测；
3. 掌握汽车制动性能检测项目及检测方法；
4. 熟悉汽车制动性能的检测标准。

(二) 安全要求及注意事项

1. 被检车辆只能由指定的教师操作；
2. 严格按照制造厂商的操作使用要求操作；
3. 严格安全操作规程，制动检测时禁止站在被检汽车前方及车旁；
4. 汽车的轴荷不能超过制动检验台允许的轴荷(2×5 t)；
5. 测量汽车制动性能时，变速器应处于空挡位置；
6. 显示仪表的摆放位置应避开阳光直射和湿度大的地方，仪器距离墙壁应至少有 1 m 以上的距离。

(三) 设备/工具/耗材要求

设备：乘用车 1 辆，制动检验台及配套装置 1 套。
工具：常用工具 1 套。
耗材：无。

(四) 实训操作指导

1. 汽车制动性能分析

1) 汽车制动过程

为了便于汽车制动性能分析，需要对汽车制动过程有一个全面了解，包括驾驶人在紧急制动过程中，制动踏板力 F_p、汽车制动减速度 j 与时间 t 的关系曲线。

制动的全过程包括驾驶人反应时间 t_1、制动器的作用时间或滞后时间 t_2 和持续制动时间 t_3，以及制动释放时间 t_4。

2) 汽车制动时车轮受力

(1) 地面制动力

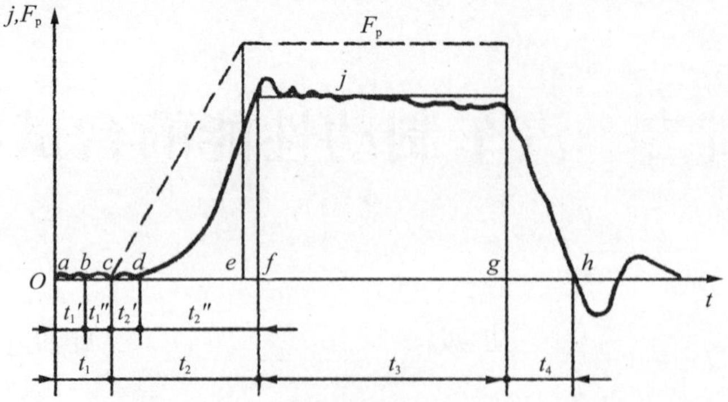

汽车制动过程

汽车在制动时，车轮制动器使车轮受到的与汽车行驶方向相反的地面切向反作用力称为地面制动力 F_{xb}，它是一种汽车产生制动并迅速降低车速的外力。

(2) 制动器制动力

为克服制动器摩擦力矩而在车轮周缘所施加的切向力称为制动器制动力 F_μ，即

$$F_\mu = M_\mu / r$$

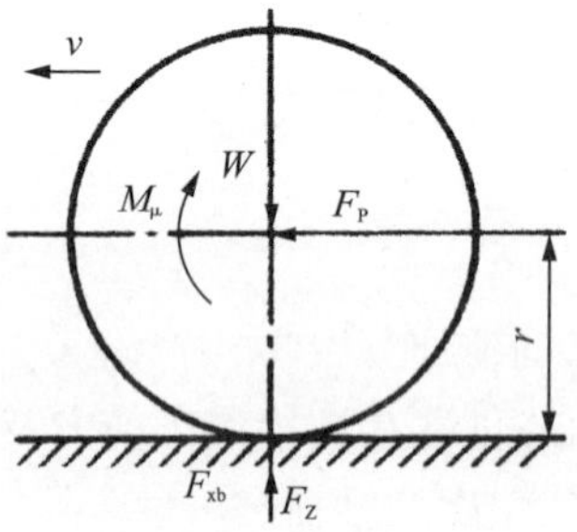

车轮受力时的受力分析

M_μ—车轮制动器的摩擦力矩；F_{xb}—地面制动力；W—车轮的垂直载荷；
F_p—车轴对车轮的推力；F_z—地面对车轮的法向反作用力；v—车轮速度；r—车轮半径

(3) 地面制动力、制动器制动力与附着力的关系

地面制动力是用来约束车轮滑动摩擦的力，其最大值受附着力的影响。假如不考虑制动过程中附着系数 φ 值的变化，则当车轮制动力上升到某一值，且地面制动力达到最大值并等于附着力时，车轮将抱死滑移。制动力再次增加，制动器制动力由于制动器摩擦力的增长，仍按直线关系继续上升，但地面制动力已达到附着力的值，就不再增加了。

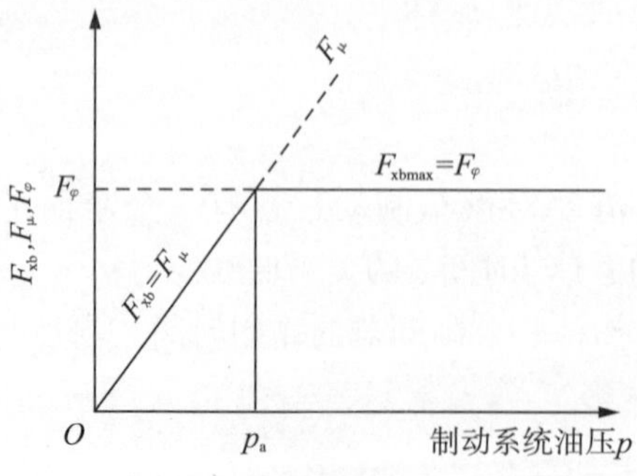

制动时地面制动力、制动器制动力与附着力的关系图

汽车地面制动力首先取决于制动器制动力，但同时又受地面附着条件的限制。所以只有当汽车具有足够的制动器制动力，同时地面又能提供高的附着力时，汽车才能获得足够的地面制动力，从而保证良好的制动性能。

3）采用防抱死制动系统的原因

附着系数实际上不是常数，而是与滑动程度有关。仔细观察装有传统制动装置汽车的制动过程，可以看到轮胎留在地面上的印痕，从车轮滚动到抱死拖滑是一个渐变过程，基本上可以分为三个阶段：第一阶段，印痕的形状与轮胎花纹基本一致，车轮作纯滚动；第二阶段，轮胎花纹的印痕还可以辨别出来，但花纹逐渐模糊，轮胎已不再作单纯滚动，而是与地面发生一定程度的相对滑动，车轮处于边滚边滑状态；第三阶段，随着制动强度增大，形成一条粗黑的印痕，看不出轮胎花纹的痕迹，车轮被制动器抱死在路面上作完全拖滑。

如果把车轮作纯滚动时的滑移率定为0，车轮完全抱死时的滑移率定为100%，当滑移率为15%～20%的时候，轮胎与路面的摩擦系数最大。当车轮完全抱死后，车轮在路面上滑移，轮胎局部摩擦剧烈发热，胎面橡胶强度降低，而使路面附着系数迅速下降。防抱死制动装置可以将车轮滑移率控制在15%～20%范围内，充分利用道路附着条件，缩短制动距离。装有防抱死制动装置的汽车，制动时侧向附着力也较大，使汽车防侧滑的能力明显提高。

2. 汽车制动性能检测标准

依据《机动车运行安全技术条件》（GB7258—2004），在制动检验台上检测制动性能应符合下列要求：

（1）制动力。

① 制动力总和与整车质量的百分比：空载≥60%，满载≥50%；

② 轴制动力与轴荷的百分比：前轴≥60%，后轴≥20%（乘用车、总质量不大于3.5 t的货车）。

（2）制动力平衡：在制动力增长全过程中同时测得左右轮制动力差的最大值，与全过程中测得的该轴左右轮最大制动力中大者之比，对前轴不应大于20%，对后轴（及其他轴）在轴制动力不小于该轴轴荷的60%时，应不大于24%；当后轴（及其他轴）制动力小于该轴轴荷的60%时，在制动力增长全过程中同时测得的左右轮制动力差的最大值不得大于该轴轴荷的8%。

（3）制动协调时间：对液压制动的汽车不应大于0.35 s，对气压制动的汽车不应大于0.60 s。

（4）车轮阻滞力：各车轮阻滞力均不应大于车轮所在轴轴荷的5%。

（5）驻车制动力总和不应小于整车质量的20%（对总质量为整备质量1.2倍以下的机动车，为不小于15%）。

（6）汽车制动完全释放时间（从松开制动踏板到制动消除所需时间）不应大于0.80 s。

3. 用制动检验台检测汽车制动性能

1）检测前设备与车辆准备

（1）将制动检验台指示与控制装置上的电源开关打开；

（2）检查制动检验台滚筒表面有无泥、水、油污等，如有应清除干净；

（3）核实汽车各轴轴荷，不得超过制动检验台允许载荷；

（4）检查并清除汽车轮胎粘有的泥、水、砂、石等杂物；

（5）检查汽车轮胎气压是否符合规定，否则应充气至规定气压；

（6）将踏板力计装到制动踏板上；

（7）车辆驶入制动台时，除驾驶人外不得有其他乘员；

（8）进行制动性能检测时，不得转动转向盘；

（9）空载检验时，气压制动系统：气压表的指示气压≤600 kPa；液压制动系统：踏板力，乘用车≤

400 N；其他机动车≤450 N。

2）检测操作步骤

（1）打开操作台右侧的数据传输开关。

（2）进入车辆检测主界面，输入被检车辆信息，选择车型，驻车制动方式，检测类型（年检或特检）。

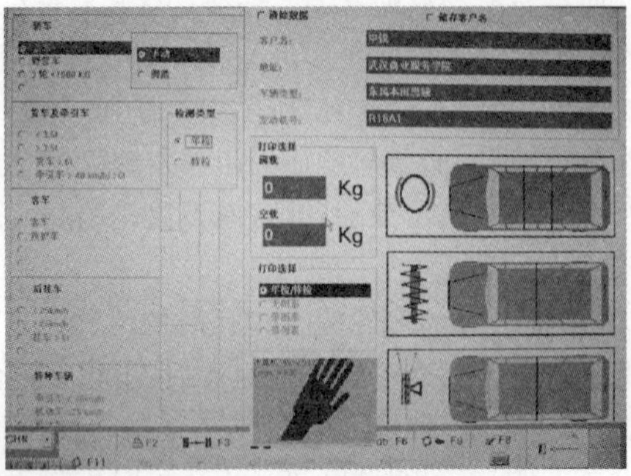

① 点击 F6，出现已储存信息界面。

② 点击图中箭头所指图标，出现信息输入界面。

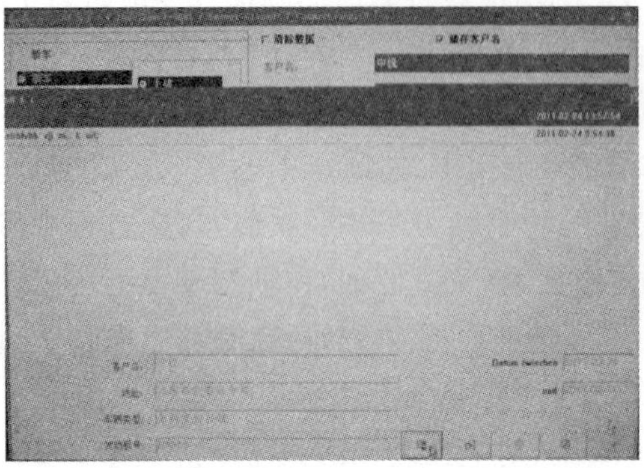

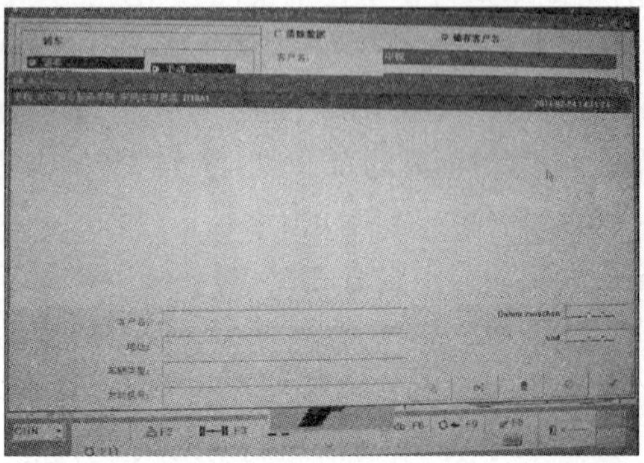

③ 选择车辆信息，双击鼠标左键，返回主界面。

（3）点击 F11 进入测量界面，选择车辆驻车制动布置类型（驻车制动在前桥 axlewise 或后桥 wheelwise），选择称重（onlyweight）。

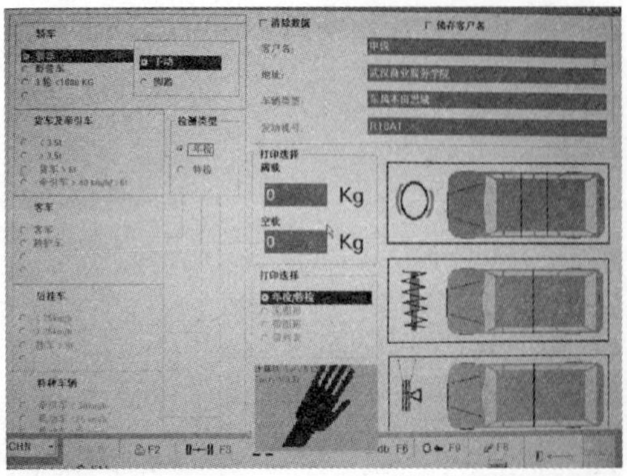

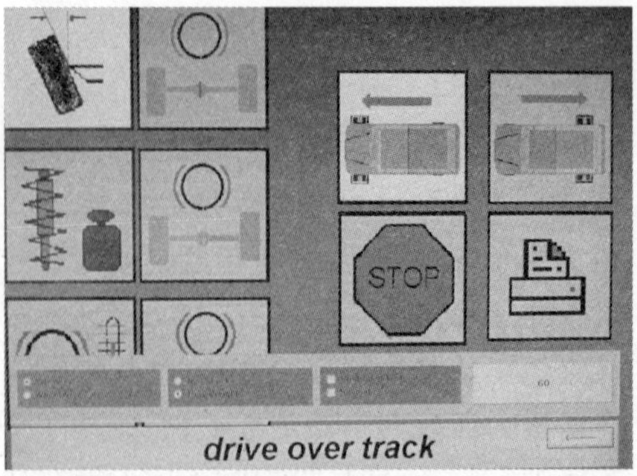

（4）前轴制动检测。

① 车辆正直居中行驶至称重台，前轴称重，同轴的两个车轮在称重台的中央位置，换挡杆置于空挡

（或 N 挡），踩住制动踏板，显示前轴称重结果界面，称重结束后，显示前轴称重检测结束界面。

前轴称重

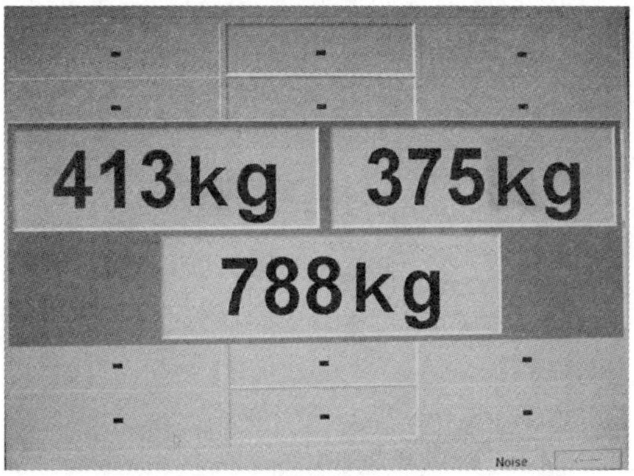

前轴称重结果界面

② 车辆沿纵向中心与滚筒轴线垂直方向驶入制动台，两前轮位于制动滚筒中间位置。

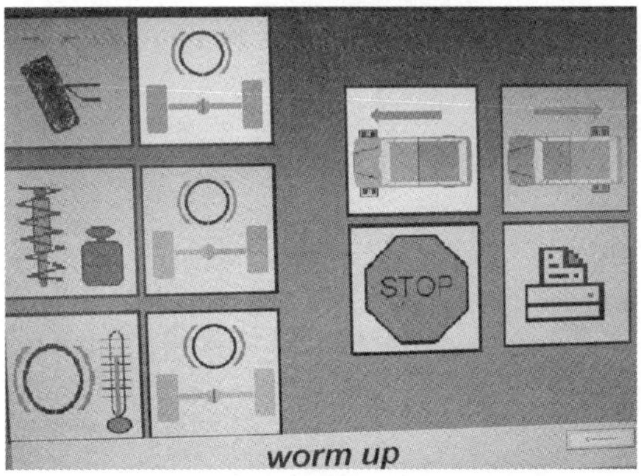

前轴称重结束界面

前轴制动检测

③ 汽车停稳后换挡杆置于空挡（或 N 挡）位置，行车制动器和驻车制动器处于完全放松状态。

④ 第三滚筒被车轮压下控制电动机起动，滚筒带动车轮转动，当车轮转速达到规定车速（即提示条完全变成红色）时，迅速将制动踏板踩到底。被检车轮转速下降到接近抱死时，控制装置根据转速传感器送出的相应信号使驱动电动机停止转动，以防止滚筒剥伤轮胎和保护驱动电动机。

⑤ 前轴制动检测结束，显示前轴制动检测结束界面，前轮驶出制动台滚筒。

前轴制动检测界面

前轴制动检测结束界面

(5) 后轴制动检测。

① 行驶车辆使后轴车轮至称重台，进行后轴称重，换挡杆置于空挡（或N挡），踩住制动踏板，显示后轴称重结果界面，称重结束后，显示后轴称重结束界面。

后轴称重

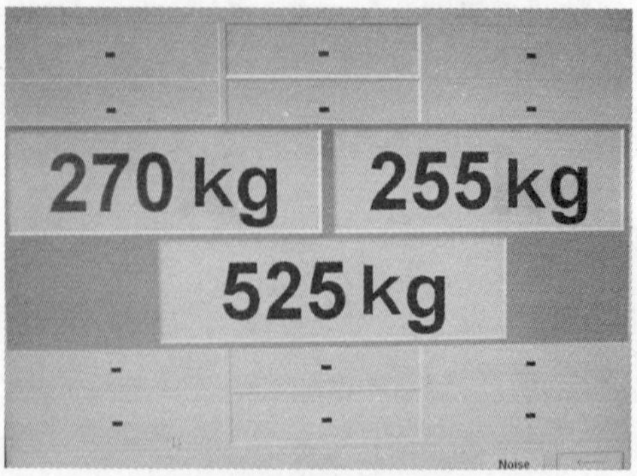

后轴称重结果界面

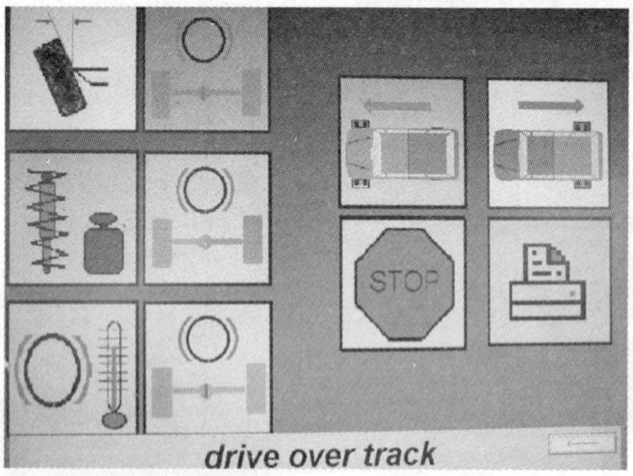

后轴称重结束界面

② 称重结束，显示制动检测开始界面，车辆驶入制动台，两后轮位于制动滚筒中间位置。

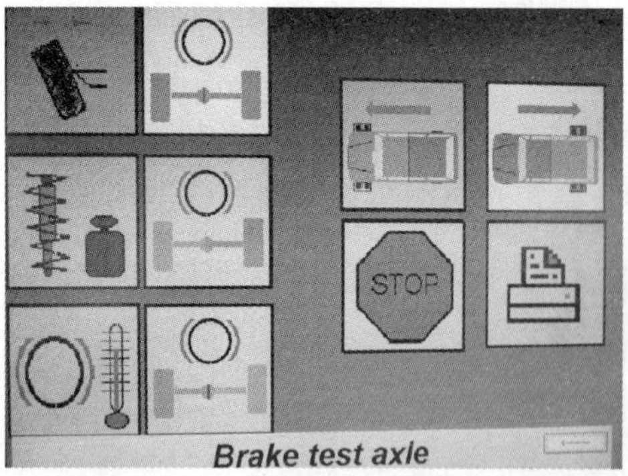

制动检测开始界面

后轴制动检测

③ 按前述检测前轴制动的同样方法，检测后轴制动，显示后轴制动检测界面。

(6) 驻车制动检测。

① 后轴制动检测结束后，制动检测开始界面，后轮仍停在制动滚筒上。

② 再次起动电动机，滚筒带动车轮转动，当车轮转速达到规定车速（即提示条完全变成红色）时，迅速拉起驻车制动器手柄，进行驻车制动检测。

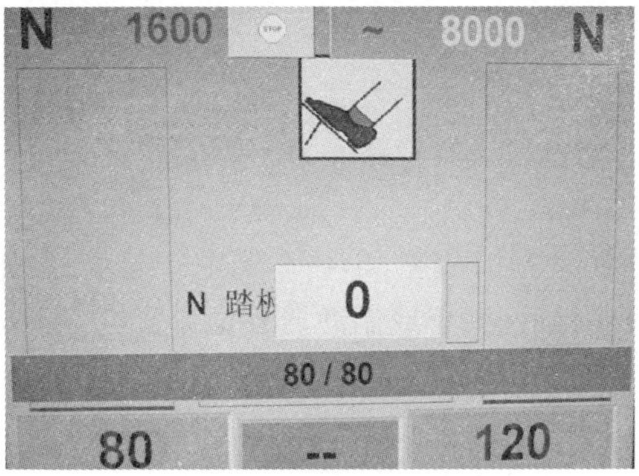

后轴制动检测界面

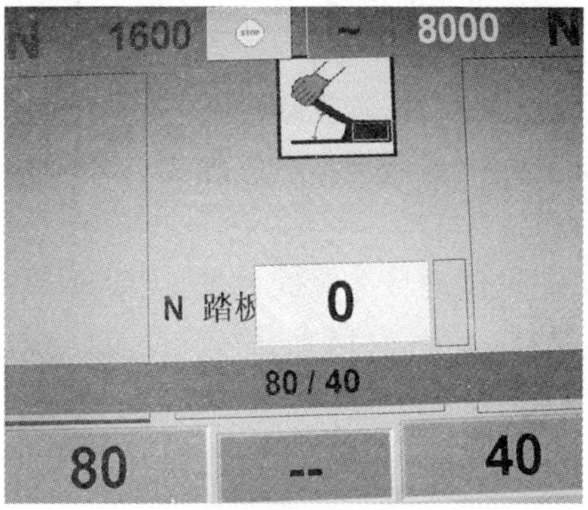

驻车制动检测界面

③ 驻车制动检测结束，显示检测结束界面，车辆驶离制动台滚筒，停放在指定位置。

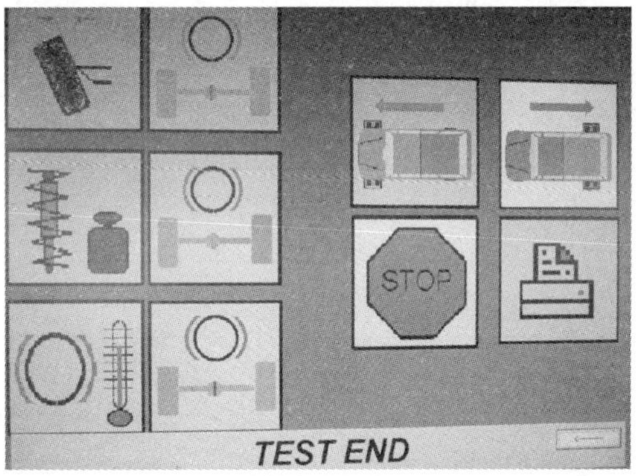

检测结束界面

(7) 查看汽车制动力检测结果。

① 在键盘上按 F3 键，查看前轴、后轴和驻车制动力检测结果。

② 在键盘上按 F4 键，查看整车制动力检测结果。

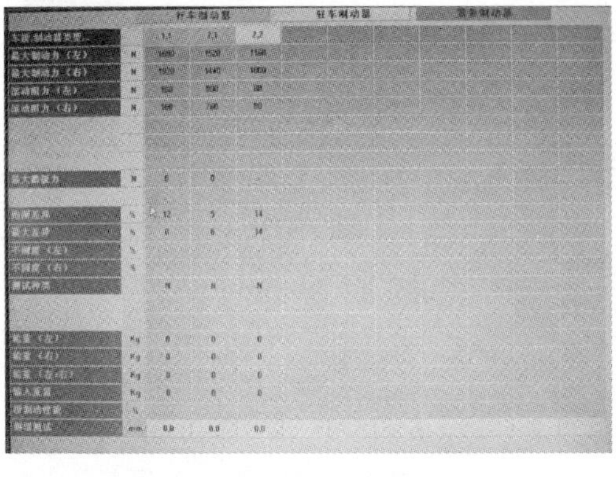

前、后轴及驻车制动力检测结果

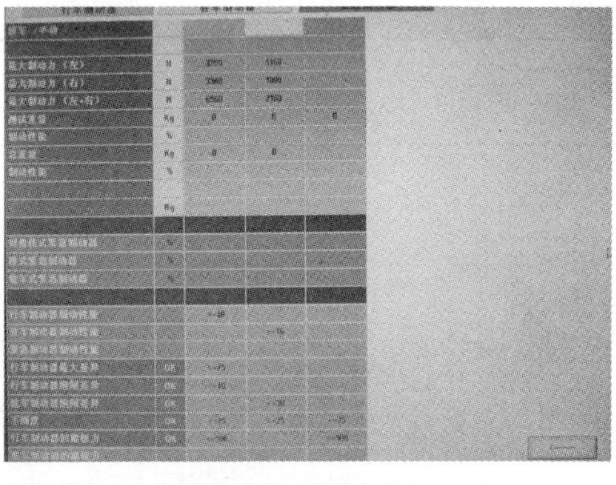

整车制动力检测结果

③ 记录并分析检测结果(图中某项数据显示红色说明超出标准)。

4. 检测结果分析与故障诊断

采用制动检验台检测出的制动性能参数应符合国家标准《机动车运行安全技术条件》(GB7258—2004)规定值，如检测出的参数超过标准，则说明被检测车辆制动系统存在故障。

如果检测出车轮制动力不足，可能是车轮制动器或制动传动机构故障，如制动器摩擦副、制动管路、制动总泵、制动分泵等故障。

如果检测出左右车轮制动力不平衡，则汽车在制动过程中将产生制动跑偏现象。引起左右车轮制动力不平衡的原因可能是左右车轮制动器性能不同、左右制动器管路压力不等或左右车轮制动分泵技术状况不一等。

如果检测出制动释放时间过长，则表明汽车存在制动拖滞故障，影响车辆重新起步、加速行驶或滑行。引起制动释放时间过长的原因可能是制动踏板自由行程太小或制动器复位弹簧拉力不足或制动总泵、分泵故障等。

二、工作页

实训车辆：车型＿＿＿＿＿＿＿、排量＿＿＿＿＿＿＿、燃油类别＿＿＿＿＿＿＿

检测设备：名称＿＿＿＿＿＿＿、型号＿＿＿＿＿＿＿

1. 写出台式检测制动性能的主要操作步骤及注意事项。

序号	操作步骤	注意事项
1		
2		
3		
4		
5		
6		
7		

2. 测量结果记录。

检测项目	轴荷/N	最大制动力/N		和	差	过程差最大差值点/N		阻滞		评价
		左轮	右轮			左轮	右轮	左轮	右轮	
前轴				%	%				%	%
后轴				%	%				%	%
驻车制动										
整车										
踏板力/N或气压/kPa	制动形式：									
制动协调时间/s										

3. 结果分析。

三、复习思考题

1.《机动车运行安全技术条件》(GB 7258—2004)规定采用什么方法进行汽车制动性能的检测?

2. 评价制动性能的参数有哪些?

3. 造成制动跑偏的故障原因有哪些?

4. 各车轮制动力(液压制动)均偏低的原因有哪些？如何维修？

5. 某车轮制动力偏低(液压制动)的原因有哪些？如何维修？

实训三　汽车转向轮侧滑量检测

姓名：__________　　班级：__________　　日期：__________

一、实训指导

（一）实训目标

1. 了解汽车侧滑与车轮定位的关系；
2. 熟悉侧滑检测的原理和操作过程；
3. 掌握侧滑数据读取和数据指示与侧滑方向的关系；
4. 能根据检测数据正确调整前轮前束和外倾角。

（二）安全要求及注意事项

1. 车辆通过侧滑检验台时，不得转动转向盘；
2. 不得在侧滑台上停车和制动，以免影响测量精度和使用寿命；
3. 不得将超过检验台允许载荷的汽车驶上侧滑台，以防压坏侧滑板或引起承重件的变形；
4. 侧滑台不使用时，要用锁止销锁止侧滑板；
5. 保持侧滑台清洁，防止泥水渗入侧滑板；
6. 前桥驱动的汽车在测试时，不应该突然加速、减速或踩踏离合器，否则会改变前轮受力状态和定位角，造成测量误差；
7. 不允许在侧滑台上停放任何车辆；
8. 检测过程中，汽车正前方严禁站人。

（三）设备/工具/耗材要求

设备：乘用车 2 辆，侧滑检验台及配套装置 1 套。
工具：无。
耗材：无。

（四）实训操作指导

1. 侧滑量和侧滑检验台

1）转向轮横向侧滑量

由于前束与外倾角的存在，汽车行驶过程中，车轮与地面之间产生一种相互作用力，使转向轮在向前滚动的同时，还将产生横向滑移，这种滑移就是侧滑。为保证汽车转向轮无横向滑移的直线滚动，要求车轮前束与车轮外倾角有适当的匹配。当前束与车轮外倾角匹配不当时，车轮就可能在直线行驶过程中不作纯滚动，而产生横向侧滑，当横向侧滑过于严重时，将破坏车轮的附着条件，减弱汽车定向行驶能力，导致轮胎异常磨损。

侧滑量是指汽车在没有外加转向力的条件下，以车速为 3～5 km/h 直线行驶通过侧滑检验台时，滑板的横向位移量与滑板的纵向有效测量长度之比值，侧滑量以 m/km 表示。滑板向内为负(－)值、向外为正(＋)值。

2) 侧滑检验台

侧滑检验台是使汽车在滑板上驶过时，用测量滑板左右移动量的方法来测量车轮侧滑量的大小和方向，并判断是否合格的一种检测设备。

(1) 双板联动侧滑检验台

由机械装置连接的左右滑板可同步向内、向外移动，并通过机械和电测量装置显示侧滑量的汽车侧滑检验台。

(2) 带有单板侧滑检验台的四合一综合测试台

该侧滑检验台可快速、动态检测汽车前轮定位状态，判断车轮前束与外倾角配合是否恰当。该单板式侧滑检验台带有放松板。

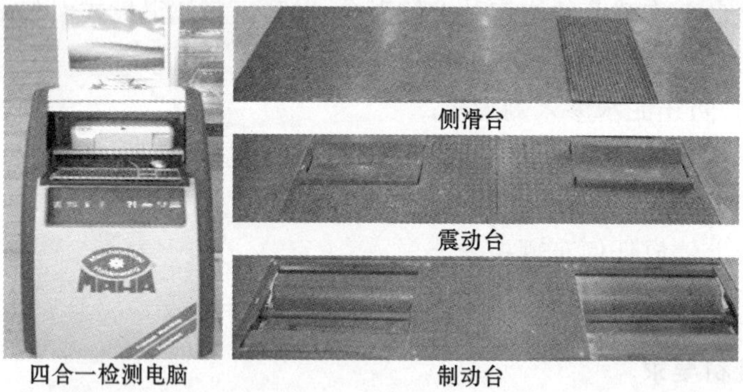

(3) 对侧滑检验台的要求

① 侧滑检验台滑板纵向有效测量长度、滑板向内及向外滑动量、仪表显示值的关系应符合下表规定。通常采用滑板有效测量长度为 1 000 mm。

滑板长度、滑板滑动量和仪表显示值的关系

滑板有效测量长度/mm	滑板向内、向外最大滑动量/mm	仪表显示值	
		滑板向内及向外滑动量/mm	汽车侧滑量/(m/km)
500	≥5.0	0.5	±1.0
1 000	≥10.0	1.0	±1.0

② 侧滑量量程：对称零点左、右均不小于 10.0 m/km。

③ 滑板移动应灵活平稳，没有明显的阻滞和晃动现象。

④ 沿车辆行驶方向上滑板不应有明显的间隙。

⑤ 仪表显示应清晰，无影响读数的缺陷。数字式显示应稳定，不能有缺划、闪烁现象。数字显示装置读数保持时间不少于 8 s，指针式仪表回转应平稳，不应有跳动、卡住和阻滞现象。

2. 转向轮横向侧滑量的限值

我国《机动车运行安全技术条件》(GB7258—2004)中规定：汽车(三轮汽车除外)的车轮定位应符合该车有关技术条件，车轮定位值应在产品使用说明书中标明。对前轴采用非独立悬架的汽车，其转向轮的横向侧滑量，用侧滑台检验时侧滑量值应在±5 m/km 之间。

3. 用侧滑检验台检测汽车转向轮侧滑量

1) 检测前准备工作

(1) 打开侧滑检验台上的锁定装置，拨动滑板；

(2) 在不通电情况下，检查仪表指针是否在零位，然后接通电源，仪表清零；

(3) 检查侧滑台前后地面及滑板，应无油污；

(4) 检查车辆轮胎气压、花纹深度，应符合规定值，胎面保持清洁。

2) 检测操作步骤

(1) 打开电源总开关，起动电脑，系统自动进入四合一测试台检测程序。

(2) 进入系统自动检测状态，检测电脑与侧滑台、震动台和制动台的通信是否正常，检测完毕，电脑提示操作人员“按回车键”进入检测主界面。

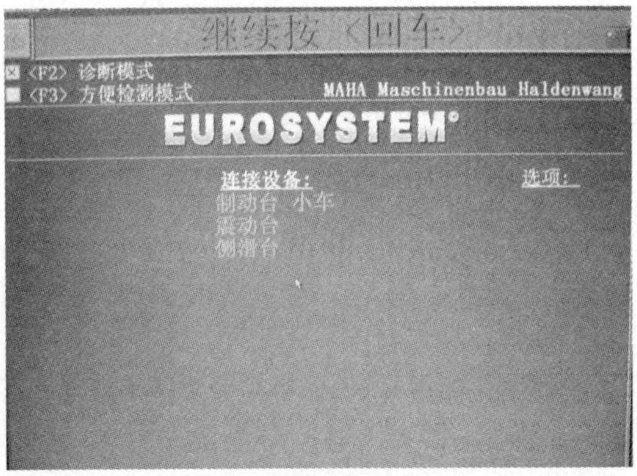

系统自动检测后界面

检测主界面

(3) 在主界面上双击“输入新客户资料”，进入客户资料输入界面，输入相关数据后，可双击“启动快速测量”。

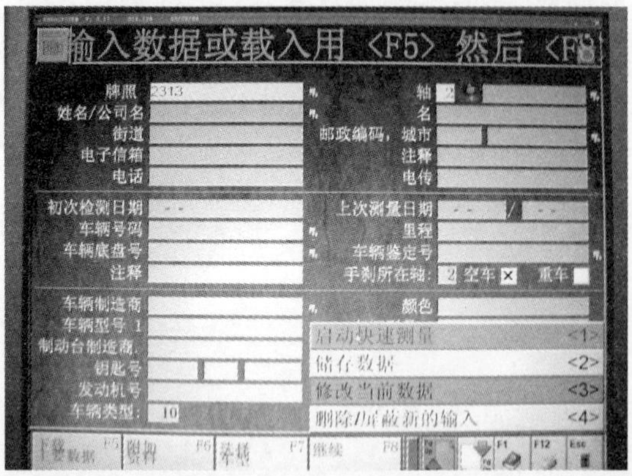

(4) 双击“启动快速测量”后，自动进入开始检测界面。

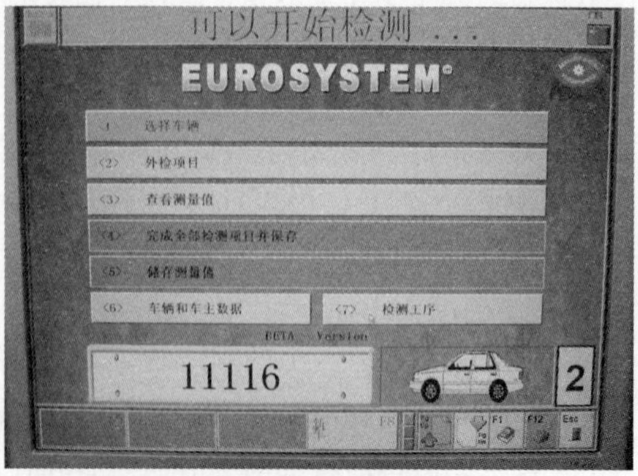

(5) 将汽车对正侧滑检验台，并使转向盘处于正中位置。使汽车以2.5～7.5 km/h车速平稳驶过侧滑台板，汽车行进过程中，不允许转动转向盘。

(6) 转向轮通过侧滑台板时，自动测取横向侧滑量的最大值，屏幕右下角显示检测到的侧滑值。

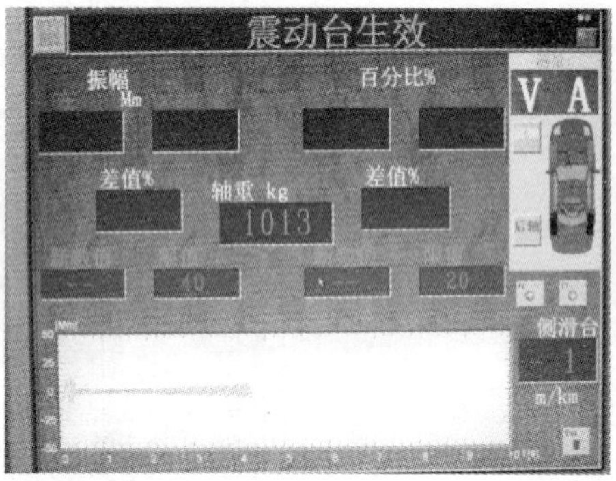

(7) 记录侧滑值，侧滑板向外侧滑动，侧滑量记为正(+)值，侧滑板向内滑动，侧滑量计为负(—)值。

二、工作页

实训车辆：车型________________、排量________________、燃油类别________________

检测设备：名称________________、型号________________

1. 写出汽车转向轮侧滑量检测的主要操作步骤及注意事项。

序号	操作步骤	注意事项
1		
2		

（续表）

序号	操作步骤	注意事项
3		
4		
5		
6		
7		

2. 测量结果记录。

车辆	GB7258—2004 规定侧滑量	实际检测侧滑量	判断是否合格
车辆 1			合格　不合格
车辆 2			合格　不合格

3. 结果分析。

三、复习思考题

1. 根据工作原理填写下列侧滑分析表。

侧滑板侧滑方向	侧滑量表示		侧滑量超标故障原因分析
向外侧滑	＋　－	IN　OUT	
向内侧滑	＋　－	IN　OUT	

2. 侧滑量超标的故障现象是什么？

3. 编写汽车行驶侧滑故障的检修工艺。

实训四　汽车车轮定位参数检测

姓名：＿＿＿＿＿＿＿　　班级：＿＿＿＿＿＿＿　　日期：＿＿＿＿＿＿＿

一、实训指导

(一) 实训目标

1. 会正确使用四轮定位仪进行车轮定位参数的检测；
2. 了解四轮定位仪的基本结构和工作原理；
3. 熟悉车轮定位值的影响因素和调整方法；
4. 能根据检测数据正确调整前轮前束。

(二) 安全要求及注意事项

1. 被测车辆要停放可靠，严格遵守安全操作规范；
2. 车辆前轮应准确停在举升机转角盘上，检测前转角盘固定销和后滑板固定销处于锁定状态；
3. 目标盘安装要牢靠，并注意目标盘的清洁；
4. 操作过程应严格按照仪器提示进行，不得随意更改项目进程；
5. 检测过程中，照相机(或信号源)和目标盘之间应无遮挡，以免影响检测质量；
6. 不得随意起动发动机，以免发生危险；
7. 车辆升起之后，锁好举升机保险锁止装置，以免发生危险。

(三) 设备/工具/耗材要求

设备：乘用车 1 辆，举升机 1 台，四轮定位仪 1 台。
工具：常用工具 1 套。
耗材：无。

(四) 实训操作指导

1. 车轮定位的基本参数

为了保证汽车的操纵稳定性和转向轻便性，转向车轮、转向节和前轴三者与车架的安装应保持一定的相对位置，这种具有一定位置的安装称为转向轮定位，也称前轮定位。过去通常的车轮定位是指前轮定位，现在的汽车除前轮定位外，还需要后轮定位，即四轮定位。四轮定位的作用就是使汽车保持稳定的直线行驶和转向轻便，并减少汽车在行驶中轮胎和转向机构的磨损。

1) 主销后倾角 γ

主销后倾角是指转向节主销轴线或假想的主销轴线(某些独立悬架的汽车无实际主销)在汽车纵向

平面内向后倾斜，与铅垂线所形成的夹角。

采用主销正后倾角可使主销轴线与路面交点 a 位于车轮着地点 b 的前面，当汽车转向轮偶然受到外力，使汽车行驶方向偏离时，能形成与车轮偏转方向相反的稳定力矩 Y，起自动回正作用，从而保证汽车稳定地直线行驶。

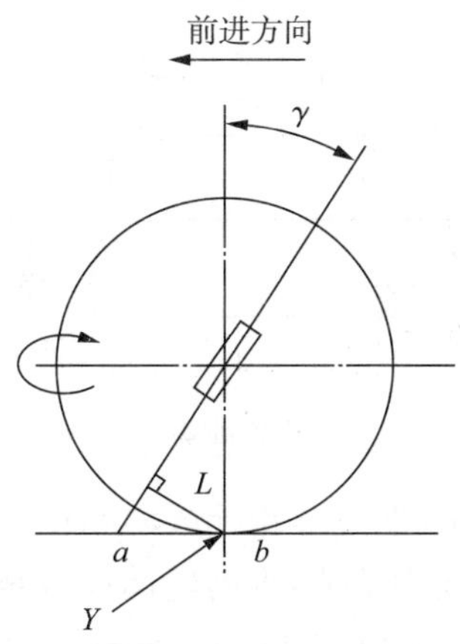

主销后倾角示意图

2）主销内倾角 β

主销内倾角是指转向节主销轴线或假想的主销轴线在横向平面内向内倾斜，与铅垂线所形成的夹角。

主销内倾角亦有使车轮自动回正的作用，同时可使转向轻便。此外，主销内倾角还使主销轴线延长线与路面的交点到车轮中心平面的距离（称主销偏移距）减小，从而可减小转向时施加于转向盘上的力矩，使转向轻便，同时也减小从转向轮传递到转向盘上的冲击力。

3）车轮外倾角 α

车轮外倾角是指过车轮中心平面与铅垂线的夹角，也即车轮轴线与水平线的夹角。若夹角在水平线下方为正前轮外倾，反之为负前轮外倾。

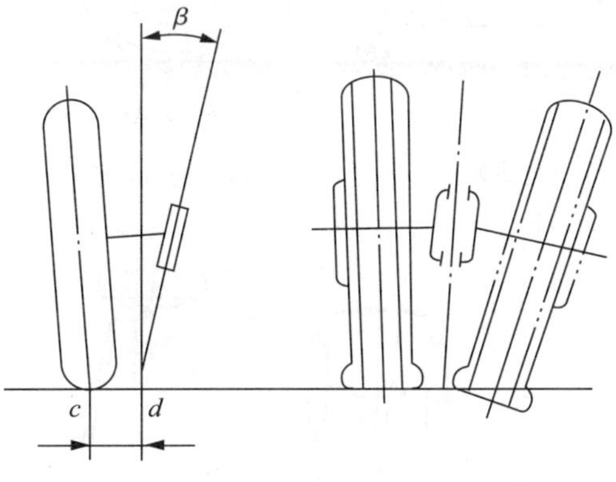

主销内倾角示意图

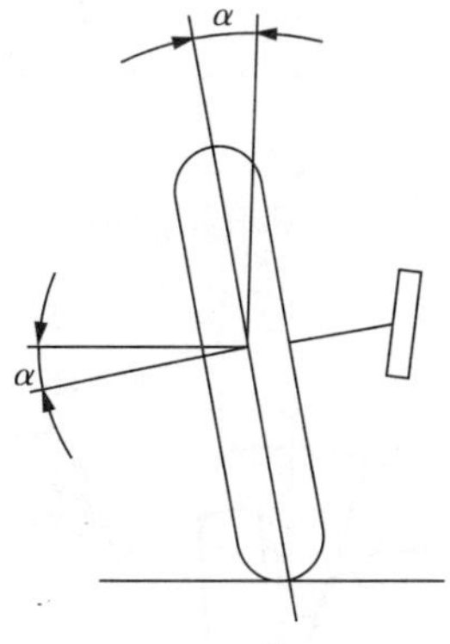

前轮外倾

考虑前轮外倾有正也有负，所以它的全面作用是，防止轮胎内外侧磨损不均匀；防止车桥因承载变形出现的车轮内倾或因高速汽车转向时离心力大出现车轮外倾，从而减轻外轮毂轴承的负荷或提高车身的横向稳定性。

载货汽车前轮外倾角一般为 1°左右，而现代乘用车的前轮外倾角有减小的趋势，有的还为负值，例如奥迪 100 乘用车的前轮外倾角为 $0°30'\pm30'$，上海大众桑塔纳乘用车为 $-0°30'$。

4）前束

同一轴两端车轮轮辋内侧轮廓线的水平直径的端点为等腰梯形的顶点，等腰梯形前后底边之差，为前轮前束。

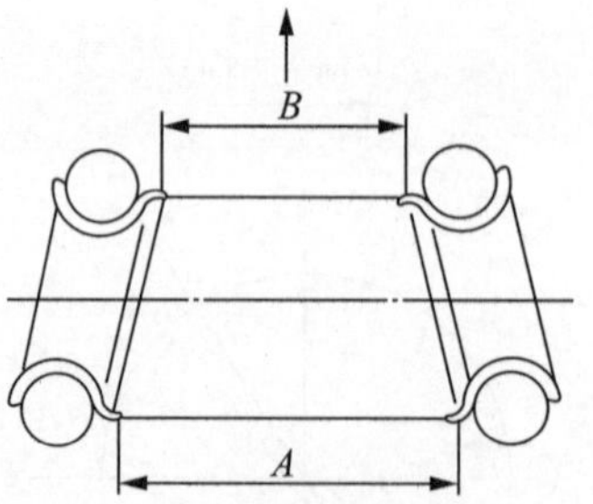

前轮前束

前轮前束的作用是，与前轮外倾协调，保持车轮纯滚动和正直行驶，从而减少轮胎磨损和燃油消耗。

由于大部分汽车的前轮外倾角减小或为负值，则前轮前束也减小或为负值。例如东风 EQ1090E 型汽车的前束为 1～5 mm；解放 CA1092 型汽车的前束为 2～6 mm；奥迪 100 乘用车的前束为 0.5～1 mm；上海大众桑塔纳的前束为－1～－3 mm。

2. 车轮定位的检测项目

为适应汽车高速行驶状态下的稳定性和舒适性要求，当今的汽车广泛采用四轮独立悬架。为使汽车具有良好的转向特性，除转向轮定位外，部分乘用车（夏利 TJ7100、捷达、富康、上海大众桑塔纳 2000 等）还具有后轮外倾角和后轮前束等参数，称为四轮定位。

四轮定位的检测项目包括：转向轮前束值/角及前张角、转向轮外倾角、主销后倾角、主销内倾角、后轮前束值/角及前张角、后轮外倾角、轮距、轴距、转向 20°时的前张角、推力角和左右轴距差等。

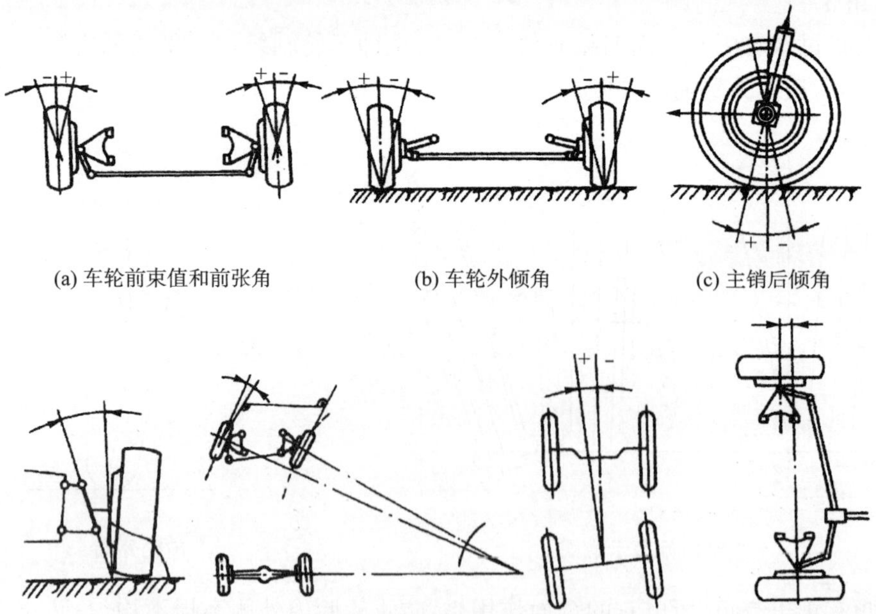

(a) 车轮前束值和前张角　(b) 车轮外倾角　(c) 主销后倾角

(d) 主销内倾角　(e) 转向20°时的前张角　(f) 推力角　(g) 左右轴距差

四轮定位的检测项目

不同车型的四轮定位值不同。汽车的四轮定位合格与否，需要把检测结果与标准值进行比较后确定。上海大众桑塔纳 2000GSI 乘用车车轮定位参数值如下。

上海大众桑塔纳 2000GSI 乘用车车轮定位参数值

参　数			标　准　值
前轮	前束	左	−10′±5′
		右	−10′±5′
	外倾角	左	−30′±20′
		右	−30′±20′
	后倾角	左	−1°30′±30′
		右	−1°30′±30′
后轮	前束	左	−12′±7′
		右	−12′±7′
	外倾角	左	−1°40′±20′
		右	−1°40′±20′

3. 四轮定位仪

三维成像四轮定位仪，应用高精度三维成像技术和计算机图像处理技术实现非接触测量，是目前最先进的四轮定位系统。该四轮定位仪将多个高分辨率的图像传感器安装在定位仪主机上，而装夹在车轮上的测量机头仪是一个反光板，其上有若干个规定大小的反光斑。图像传感器由一个半导体激光发射器和一个 CCD 摄像机组成。

三维成像四轮定位仪

设备特点：

(1) 三维测量技术——以车身为基准的测量技术，更精确，更稳定；

(2) 照相机测量系统——双照相机结合四个目标盘，提供全新的测量方式；

(3) 目标盘装置——目标盘无电子元器件，取代传统电子传感器，消除电路可能造成的故障；

(4) 设备标定——设备安装完成后仅需一次标定，过程简便，无需定期重复此工作；

(5) 测量过程——测量时，无需进行钢圈补偿，缩短了测量时间，提高了准确性；

(6) 软件系统——操作简便，2 min 内可读取基本的四轮定位数据；

(7) 保养维护——维护保养简便易行，设备无需定期标定。

4. 国家标准对汽车车轮定位的要求

(1) 根据《营运车辆综合性能要求和检验方法》(GB18565—2001)中规定：车辆的前轮定位值应符合该车有关技术文件的规定。

(2) 根据《机动车运行安全技术条件》(GB7258—2004)中规定：汽车(三轮汽车除外)的车轮定位应符合该车有关技术条件,车轮定位值应在产品使用说明书中标明。

5. 用四轮定位仪检测车轮定位参数

1) 车辆准备

(1) 车辆空载,所有车轮必须安装同一规格轮胎,轮胎磨损程度要一致,轮胎气压符合规定。

(2) 检查悬架、减振器。车身无明显倾斜,减振器不得漏油,螺栓无松动,橡胶衬套或缓冲块无破损。

(3) 转向盘自由行程应符合要求,轴承间隙正常,底盘各球头及衬套应无松动。

(4) 将汽车缓慢开上举升机,前轮停在转角盘中心,后轮置于滑板上,拉紧驻车制动器,在后轮前后放置车轮楔。汽车驶入前用固定插销锁止转角盘,防止其转动。

(5) 将车辆举升到工作高度,并锁止举升机。

2) 仪器设备准备

(1) 准备、检查主机和附件。

① 主机及照相机。打开电源后,照相机的灯会闪烁。

② 转角盘。注意：车辆停好后才可以取下锁销,否则会损坏转角盘。

主机及照相机

转角盘

③ 车轮楔、转向盘固定器、制动踏板下压器、目标盘等附件。

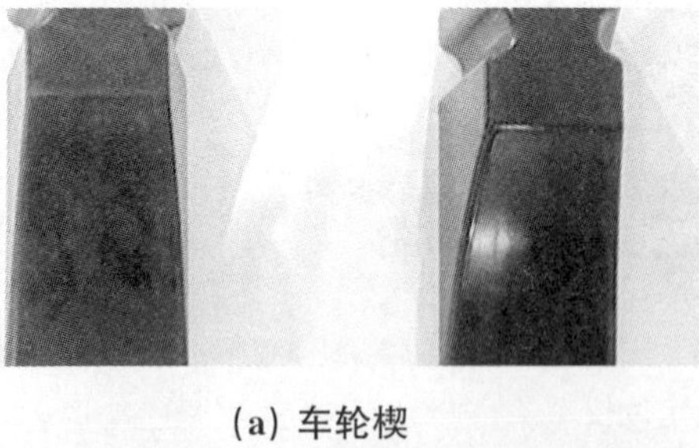
(a) 车轮楔

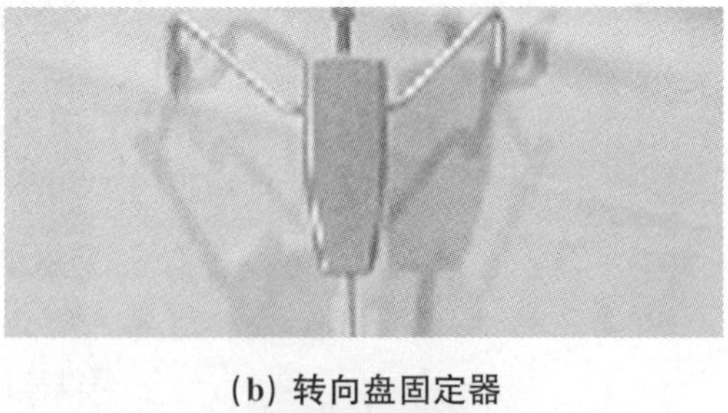
(b) 转向盘固定器

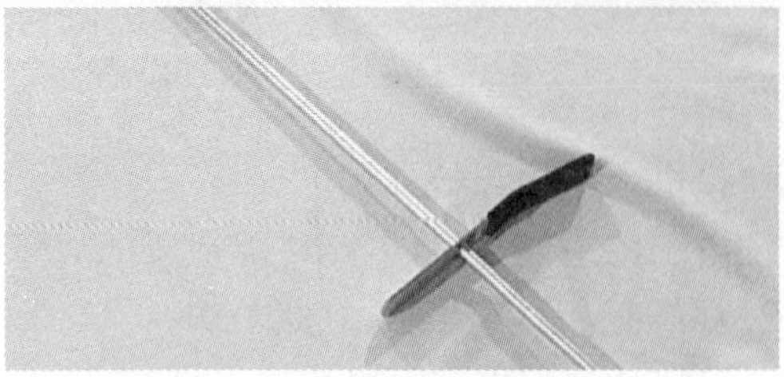
(c) 制动踏板下压器

(d) 目标盘

附件

(2) 工作准备。

① 打开定位仪摄像机和计算机操作控制台电源开关,开机界面。

开机界面

② 按要求将车辆前轮准确地停在举升机转角盘上,转角盘的固定插销和后滑板的固定插销处于锁定状态。

车辆前轮停在转角盘上

③ 后轮前后放置车轮楔,防止车辆移动。

后轮前后放置车轮楔

④ 放下驻车制动杆,并使车辆变速器处于空挡。

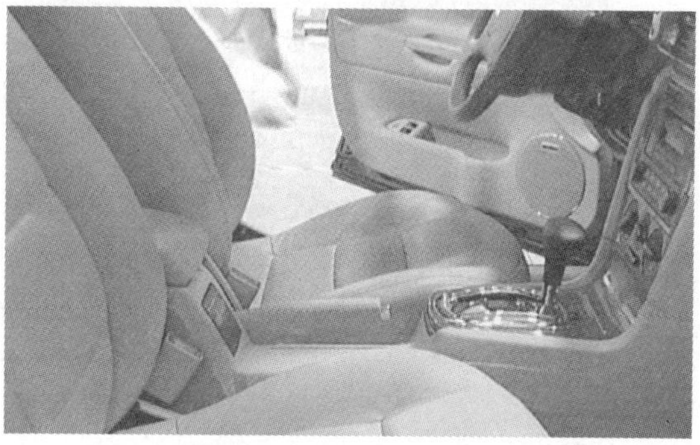

驻车制动器杆和换挡杆位置

⑤ 将目标盘夹具安装在车轮上,检查固定情况,夹具应直立垂直安装。然后将目标盘安装在夹具上,并挂上保险钩。两前轮安装小目标盘,两后轮安装大目标盘。

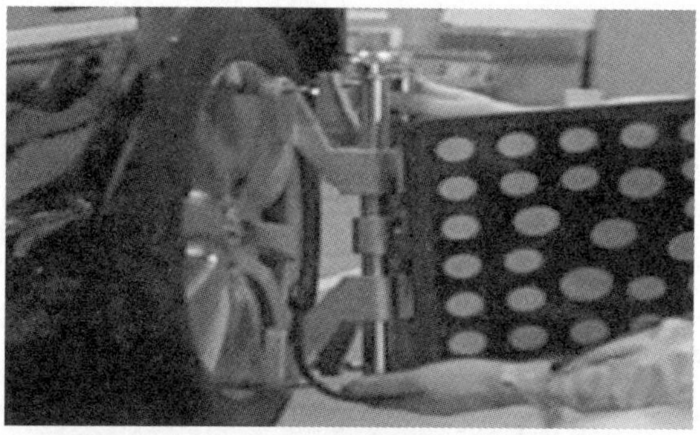

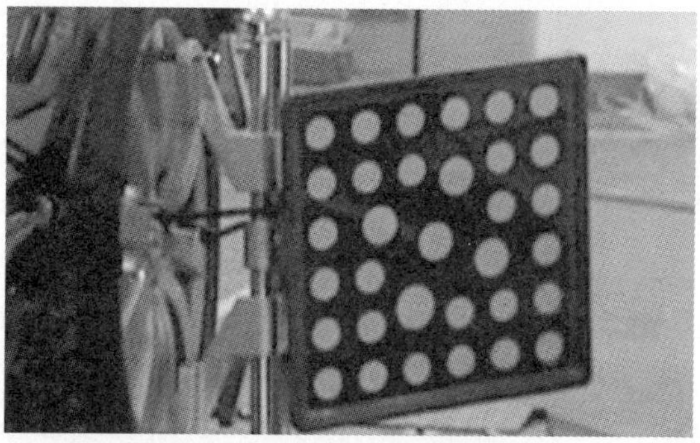

⑥ 将举升机升起到工作高度,并自锁。

安装夹具及目标盘

举升机升起

3）检测操作步骤

（1）四轮定位选项、数据输入及车型选择。

① 在四轮定位系统界面，点击“OK”键，进入四轮定位选择，该界面给出两个选择，起动新的定位或继续已经在进行的定位。如果选择“OK”图标，将清除前一个车轮定位的存储数据，允许设置新的客户和车辆。如果选择“继续定位校准”，则保留所有的客户、车辆和定位测量，软件返回到定位读数界面。

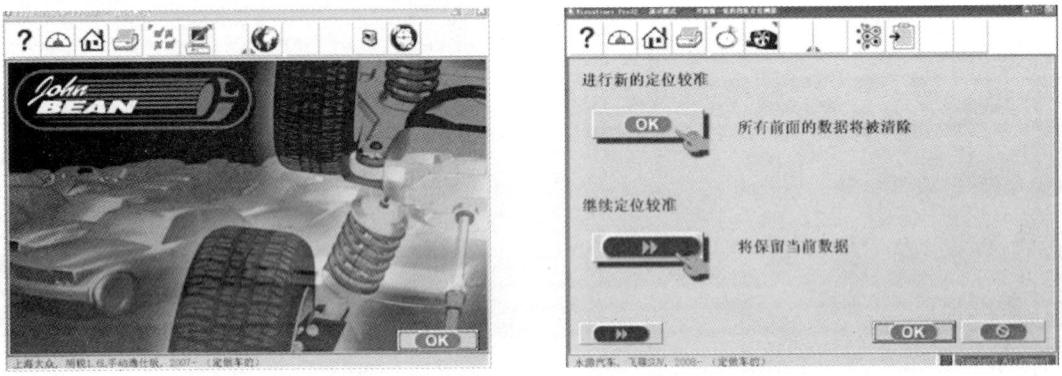

四轮定位选项

② 输入客户数据，在表格内填入客户信息，客户信息填写后，数据将自动保存。

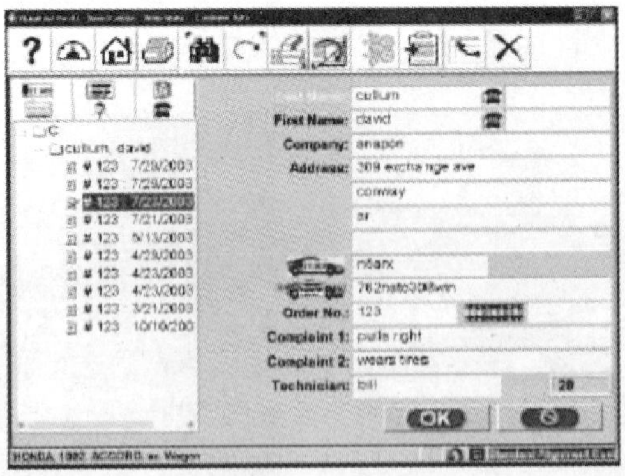

输入客户数据

③ 选择车辆车型。点击“OK”，按顺序依次选择车辆制造商、年份和型号。

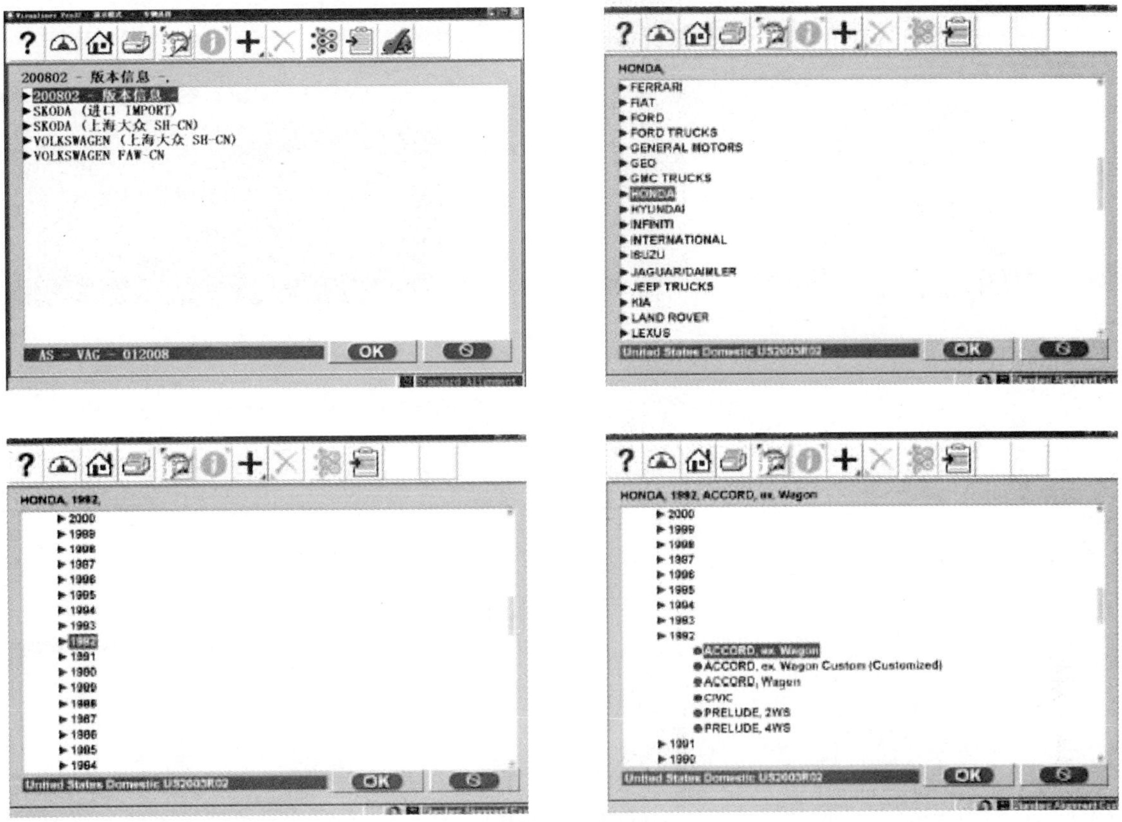

车辆车型选择

④ 车规数据显示。车型选好后，屏幕显示标准车型数据。

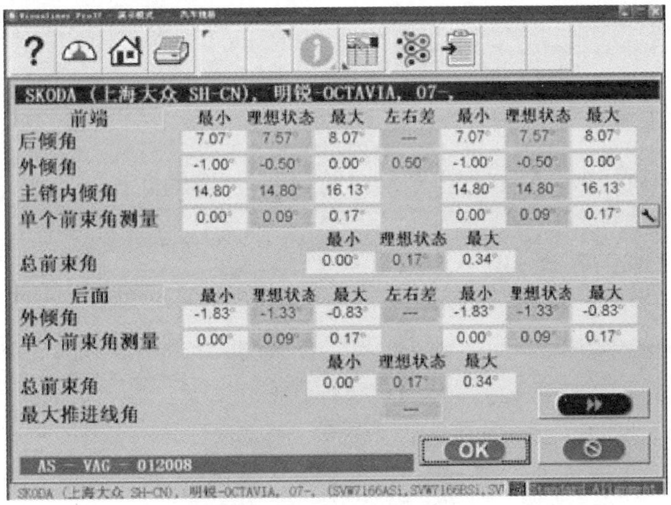

SKODA (上海大众 SH-CN)，明锐-OCTAVIA，07-，

前端	最小	理想状态	最大	左右差	最小	理想状态	最大
后倾角	7.07°	7.57°	8.07°	---	7.07°	7.57°	8.07°
外倾角	-1.00°	-0.50°	0.00°	0.50°	-1.00°	-0.50°	0.00°
主销内倾角	14.80°	14.80°	16.13°		14.80°	14.80°	16.13°
单个前束角测量	0.00°	0.09°	0.17°		0.00°	0.09°	0.17°
			最小	理想状态	最大		
总前束角			0.00°	0.17°	0.34°		
后面	最小	理想状态	最大	左右差	最小	理想状态	最大
外倾角	-1.83°	-1.33°	-0.83°	---	-1.83°	-1.33°	-0.83°
单个前束角测量	0.00°	0.09°	0.17°		0.00°	0.09°	0.17°
			最小	理想状态	最大		
总前束角			0.00°	0.17°	0.34°		
最大推进线角				---			

AS — VAG — 012008

SKODA (上海大众 SH-CN)，明锐-OCTAVIA，07-，(SVW7166AS1,SVW7166BS1,SV

四轮定位出厂规格表

(2) 车辆位置调整。

① 点击“镜头视域图标”，检查目标盘是否在照相机有效视域内，如果不符合要求，可调整目标盘或调整举升机的高度。

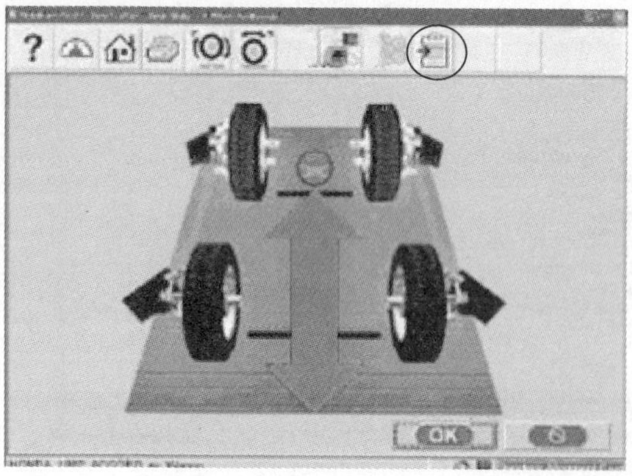

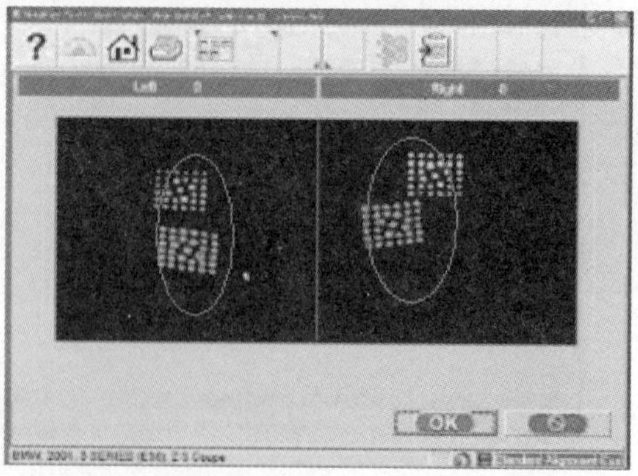

检查目标盘视域

② 当出现向后移动绿色指示箭头时，将车辆向后移动约 20 cm。

③ 车辆到位后，出现红色停止信号，使车辆保持稳定，直至停止信号消失。

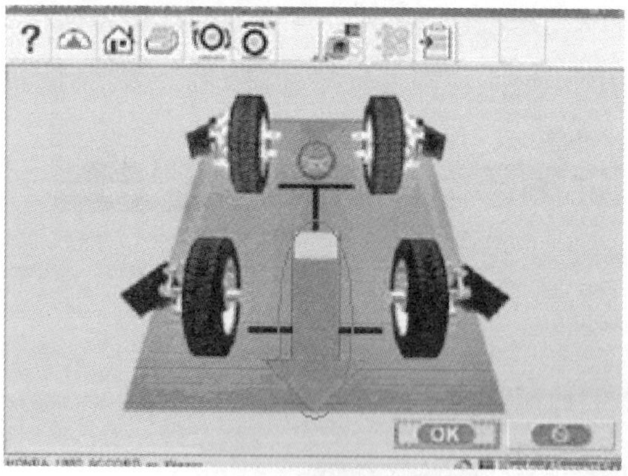

车辆向后移动

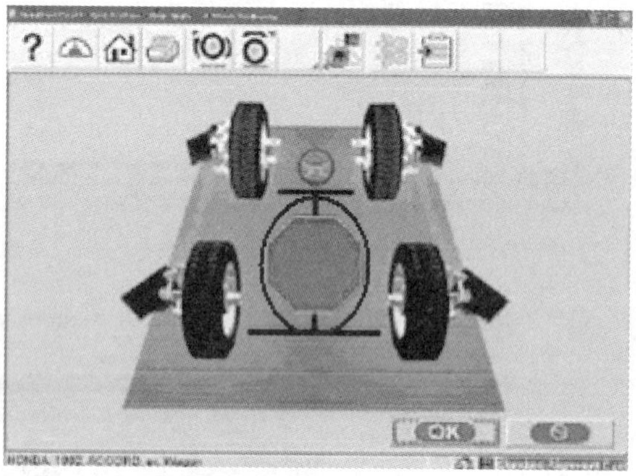

车辆停止信号

④ 当出现向前移动绿色指示箭头时，将车辆向前移动，使车辆回到开始位置。

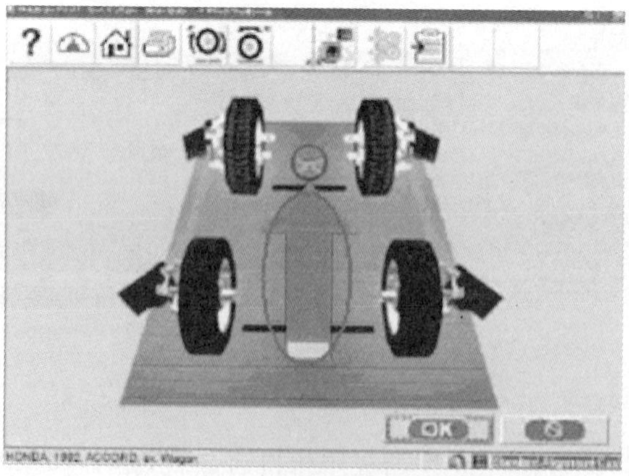

车辆向前移动

(3) 测量项目选择。

① 点击工具栏从左至右第五格(或键盘 F5)测量菜单。

② 点击第二个图标，选择测量主销后倾角和主销内倾角。

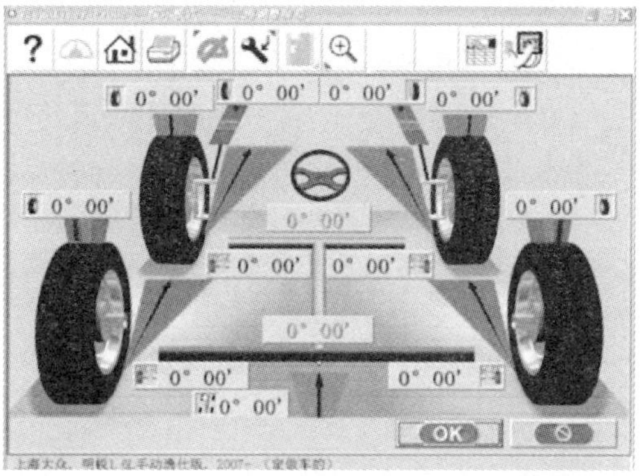

点击测量菜单

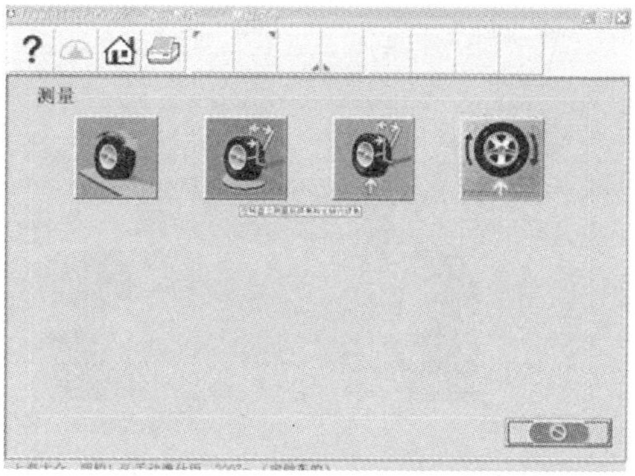

选择测量主销后倾角和主销内倾角

③ 根据提示安装制动踏板下压器，确定转角盘插销已移去，松开后滑板。

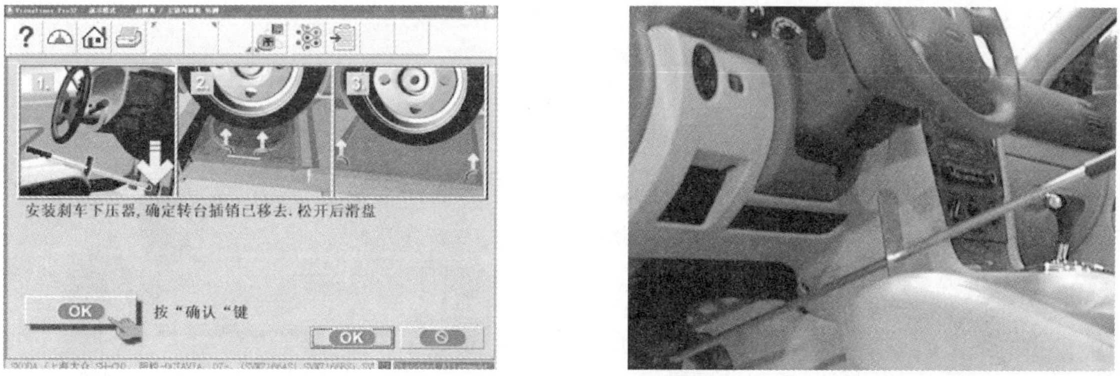

安装制动踏板下压器

(4) 主销后倾角和主销内倾角测量。

① 先向左转动车轮 10°，随车轮接近测量位置，光标球变黄色，此时需放慢转动速度，当车轮达到正确位置时，光标球变成绿色。

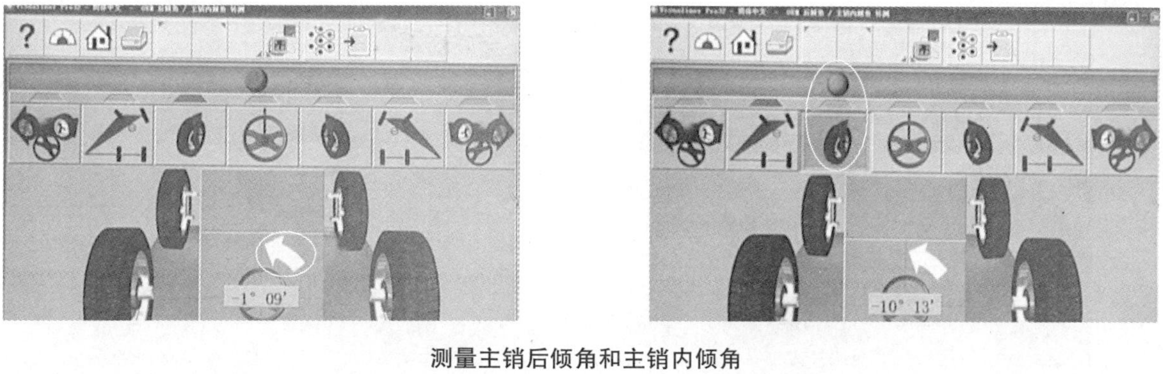

测量主销后倾角和主销内倾角

② 当转向角达到 10°时，转向盘图标上方出现一个红色停止信号。停止转动车轮，保持稳定几秒钟，在左侧主销后倾角/SAI 图标周围出现一个绿色框，光标球呈红色，状态条变绿色。

③ 向右转动车轮，在右侧主销后倾角/SAI 图标上方出现红色状态条，光标球变红色(见上图)。按

箭头所指方向将车轮转动到10°并停止，在转向盘图标上方出现红色停止信号，保持车轮稳定，右侧主销后倾角/SAI图标周围出现绿色框时，该侧的测量完成。

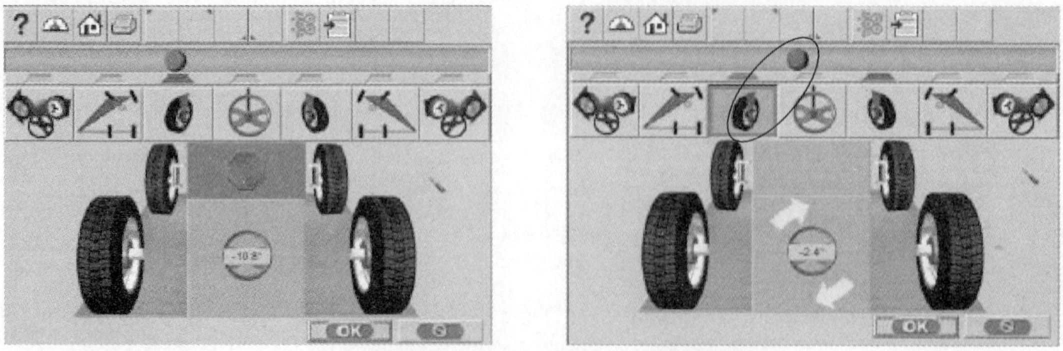

左车轮主销后倾角和主销内倾角测量完成

（5）测量数据显示。

① 将车轮回正，确保屏幕中心的转向盘上显示数在－0.2～＋0.2之间，测量结果以直观的三维格式显示原始车辆定位信息。

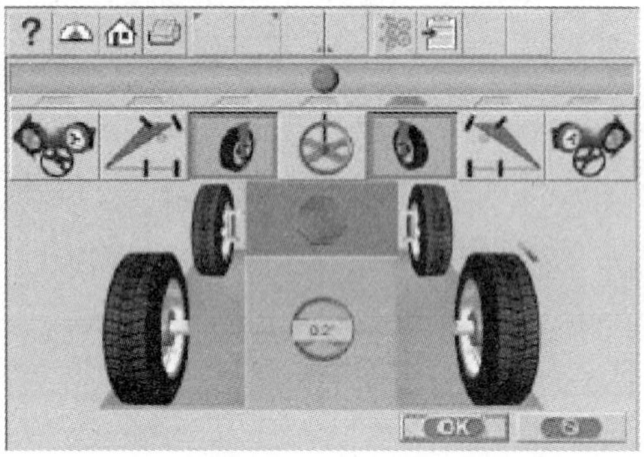

右车轮主销后倾角和主销内倾角测量完成

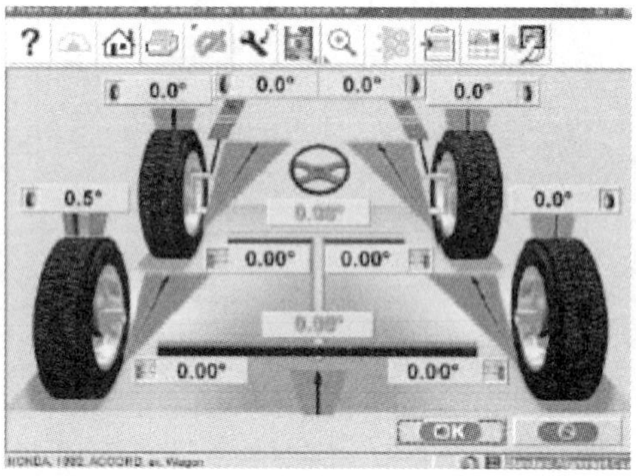

原始车辆定位信息

② 后轮测量数据。在三维读数界面后，出现后轮测量数据界面。在此界面下可以进行调整，先调整外倾角，再调整前束。该界面同时以图标和数值格式显示测量数据，并确定是否需要调整等相关信息。

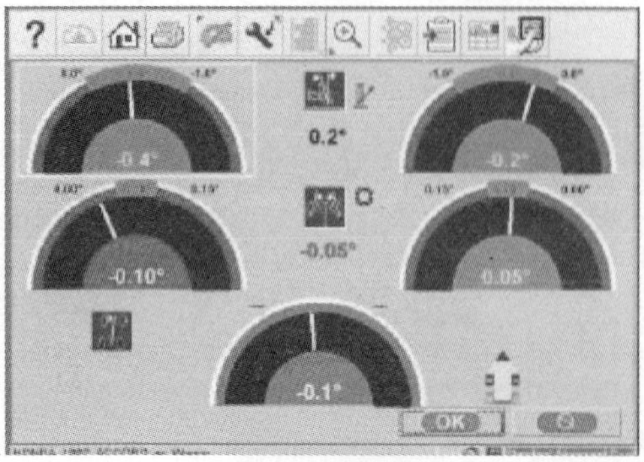

后轮测量数据

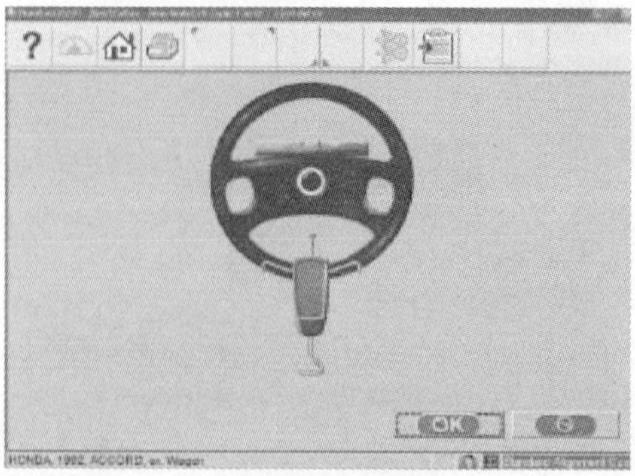

矫正和锁定转向盘

③ 前轮测量数据。显示前轮测量数据前，需要矫正转向盘，并用转向盘固定器锁定，如图“矫正和锁定转向盘”所示。此外，所有测量目标盘必须矫正和锁定。完成这些步骤后，按“OK”，转入

前轮测量数据界面，如图“前轮测量数据”所示。在此界面下可以调整，先调整后倾角和外倾角，再调整前束。主销后倾角在车轮顶端图标显示。主销后倾角、外倾角和车轮前束能在调整过程中“实时”显示。

④ 全部测量数据。前轮测量数据后，最终显示全部测量数据，该界面以图表数值方式显示所有测量数据，这些数据以不同颜色加以区分，绿色表示在标准范围内，红色表示超出标准范围，需要进行调整。

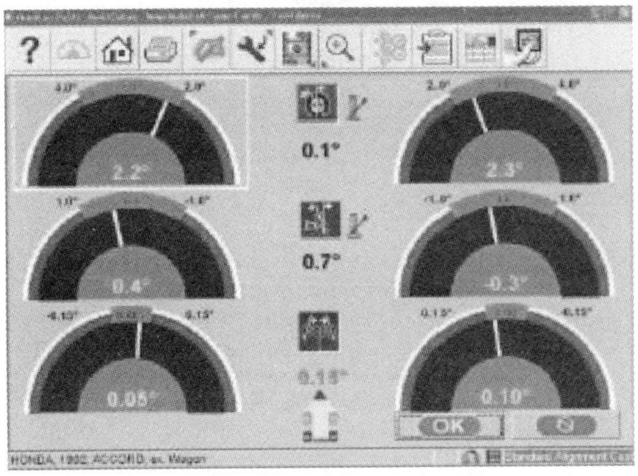

前轮测量数据

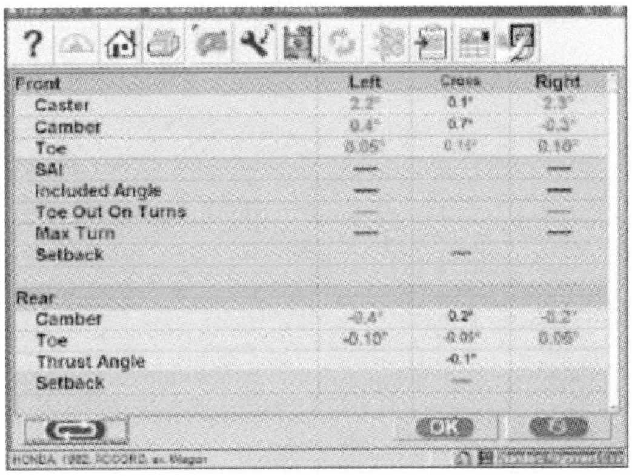

全部测量数据

6. 车轮定位参数的调整

1) 调整技术要点

(1) 检测结果不符合规定，需要调整时，应先锁止转向盘，再进行调整。

(2) 调整时，各车轮定位参数值的变化在屏幕上显示。直至调整到该车型规定的技术要求范围之内。

(3) 调整车轮定位参数顺序。先后轮(外倾角→前束值)，再前轮(主销后倾角→外倾角→前束值)。

(4) 改变前束值会使外倾角变动。由于改变前束值时车轮会依转向轴转动，因此外倾角会变动。后倾角越大，外倾角改变越大。

2) 前束调整(以本田雅阁和丰田卡罗拉为例，其他型号车辆参照执行)。

(1) 本田雅阁乘用车前束调整。

① 用开口扳手将锁紧螺母旋松，使锁紧螺母与转向横拉杆端面有一定间隙。

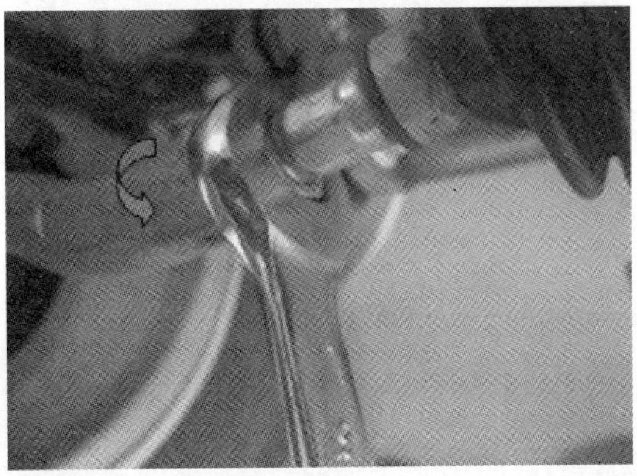

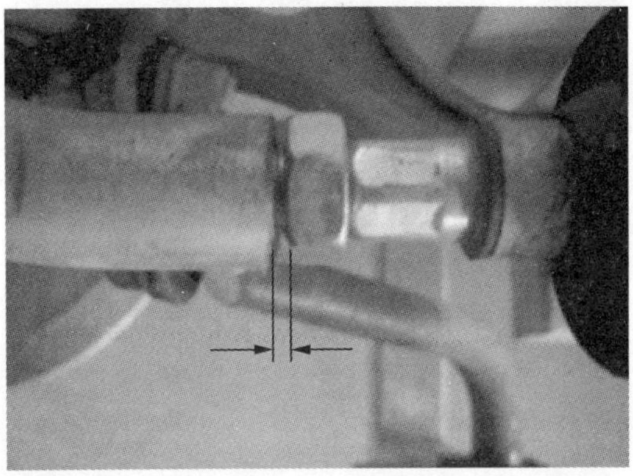

松开锁紧螺母

② 对应本田雅阁乘用车前束检测参数值，调节调整螺杆长度，使前束达到规定数值。

调节调整螺杆长度改变前束值

③ 调整结束后，用开口扳手旋紧锁紧螺母。

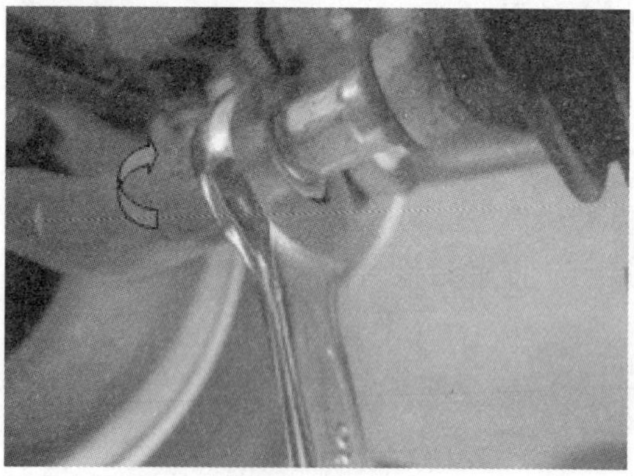

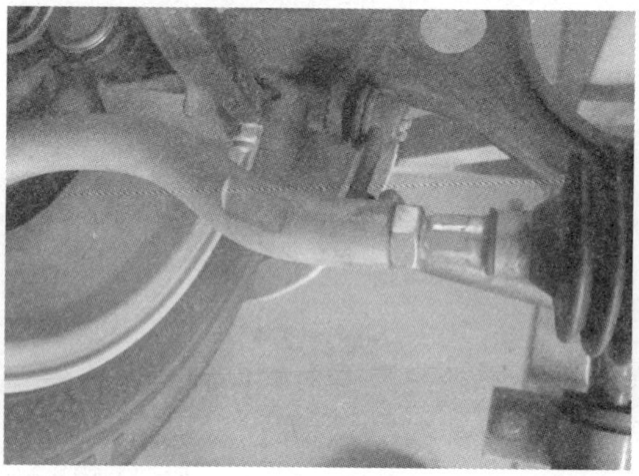

旋紧锁紧螺母完成前束调整

(2) 丰田卡罗拉乘用车前束调整。

① 用开口扳手将锁紧螺母旋松，使其与转向横拉杆端面有一定间隙。

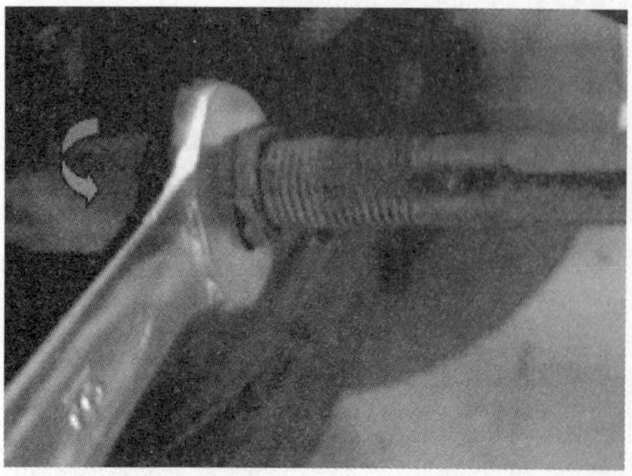

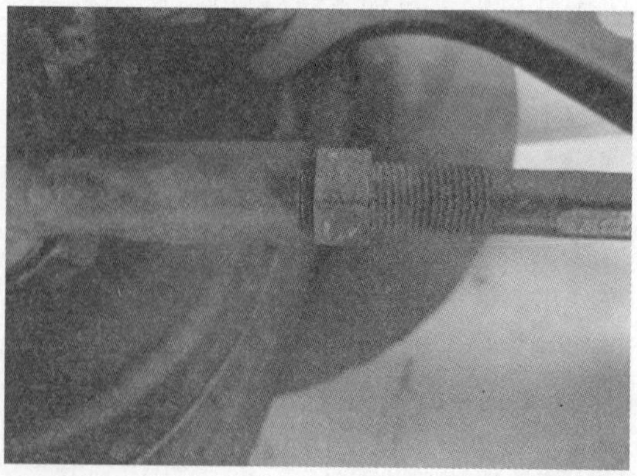

松开锁紧螺母

② 对应丰田卡罗拉乘用车前束检测参数值，调节调整螺杆长度，使前束达到规定数值。

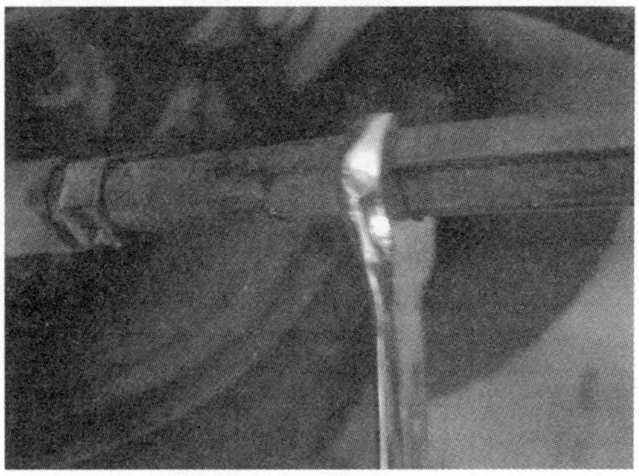

调节调整螺杆长度改变前束值

③ 调整结束后，用开口扳手旋紧锁紧螺母。

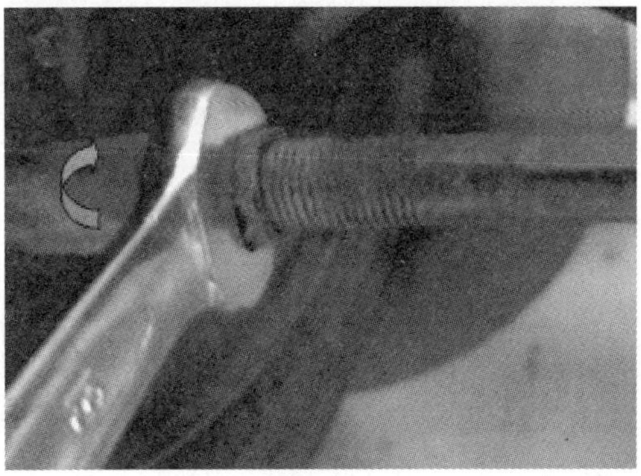

旋紧锁紧螺母完成前束调整

二、工作页

实训车辆：车型________________、排量________________、燃油类别________________

检测设备：名称________________、型号________________

1. 写出车轮定位参数检测主要操作步骤及注意事项。

序号	操作步骤	注意事项
1		
2		
3		
4		
5		
6		

2. 测量结果记录。

检测参数	标准参数值 （左/右）	实测参数值 （左/右）	结　论
前轮前束值	/	/	
前轮外倾角	/	/	
主销内倾角	/	/	
主销后倾角	/	/	
后轮前束值	/	/	
后轮外倾角	/	/	

3. 检测结果分析。

三、复习思考题

1. 什么情况下必须对车辆做四轮定位检测？

2. 汽车车轮定位的主要参数有哪些？

3. 目前常用的四轮定位仪有哪几种类型？各有何特点？

4. 填写下表，并分析前轮定位参数不正确的故障现象与调整方法(上海大众桑塔纳3000)。

前轮定位参数	故障原因	产生的故障现象	调整方法
前轮 前束	大	①行驶中： ②轮胎偏磨： ③其他：	
	小	①行驶中： ②轮胎偏磨： ③其他：	
前轮 外倾角	大	①行驶中： ②轮胎偏磨： ③其他：	
	小	①行驶中： ②轮胎偏磨： ③其他：	
主销 后倾角	大	①行驶中： ②轮胎偏磨： ③其他：	
	小	①行驶中： ②轮胎偏磨： ③其他：	
主销 内倾角	大	①行驶中： ②轮胎偏磨： ③其他：	
	小	①行驶中： ②轮胎偏磨： ③其他：	

实训五　汽车车轮动平衡检测

姓名：__________　　班级：__________　　日期：__________

一、实训指导

（一）实训目标

1. 了解汽车车轮产生不平衡的原因；
2. 熟悉车轮平衡机的结构及工作原理；
3. 掌握用车轮平衡机进行车轮动平衡检测的方法、步骤；
4. 能根据检测结果，快速校正车轮的不平衡量。

（二）安全要求及注意事项

1. 车轮上不准有脏物残留（如砂子，石头，玻璃碎片，尖物等），轮辋上无平衡块；
2. 操作时注意安全，戴上安全防护眼镜；
3. 测试结束后清理存储盒，清理旧的车轮平衡块及设备底部的其他物质，用干布清理显示器和输入板；
4. 如出现突发性停止，应立即按下 stop 键以切断电源，或踩下脚踏板使车轮停止运行；
5. 严重失衡的车轮不能上车轮平衡机进行动平衡（轮胎、轮辋等因几何形状失准或密度不均匀而形成重心偏离）。

（三）设备/工具/耗材要求

设备：乘用车 1 辆，测试用车轮 2 套。
工具：轮胎气压表 1 个，车轮平衡块若干，压缩空气系统 1 套，常用工具 1 套，车轮平衡机 1 台。
耗材：无。

（四）实训操作指导

1. 车轮与轮胎

车轮动不平衡时，会造成车轮的跳动和偏摆，引起转向轮的摆振，加剧轮胎的磨损，使汽车的有关零件受到损坏，缩短汽车的使用寿命。特别是对于高速行驶的汽车，车轮的动不平衡，会使汽车发生严重的抖动，破坏汽车的操纵稳定性，影响汽车的安全行驶。因此，必须对车轮进行动平衡检测，并校正车轮平衡度。

1）使用轮胎拆装机拆卸轮胎

（1）轮胎拆装机接通电源，打开压缩空气开关。

(2) 旋下轮胎气门嘴防尘罩，用气门扳手旋下气门芯，使轮胎内的压缩空气排出。

(3) 待轮胎内的空气排尽后，使用平衡块卡钳拆卸装在轮辋边缘的平衡块。

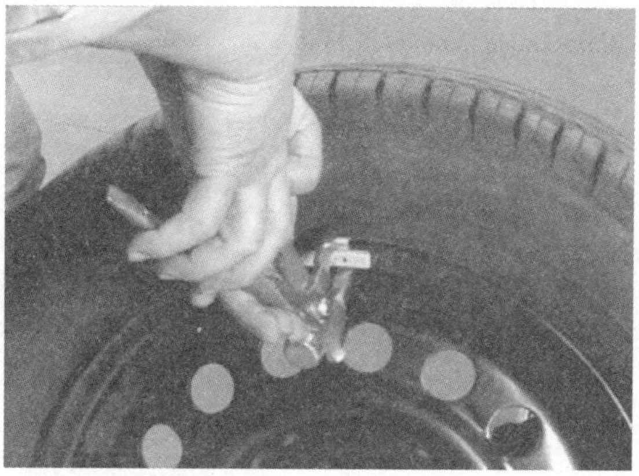

拆卸平衡块

(4) 将车轮的一侧贴于轮胎拆装机靠胎胶皮上，调整车轮位置，使风压铲置于轮胎胎圈和轮辋边缘之间。

轮胎贴近靠胎胶皮

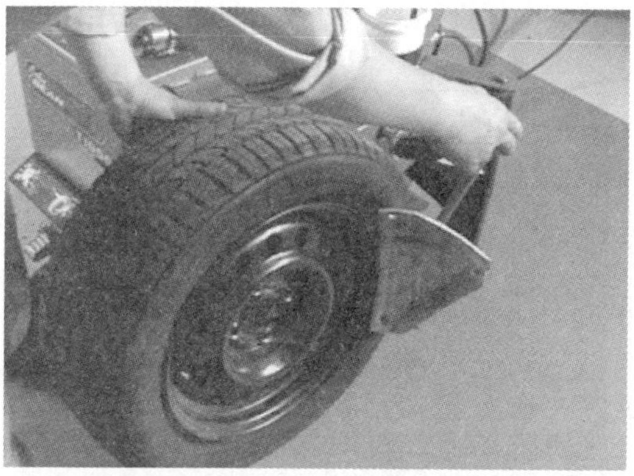

风压铲置于胎圈与轮辋边缘

(5) 一手扶住手柄，使风压铲的位置保持不变，一手扶住轮胎，用脚踩住风压铲踏板，风压铲收缩，压下胎圈，使胎圈和轮辋分离。

(6) 一边转动车轮，一边用脚踩住、松开压缩踏板，使轮胎一侧胎圈和轮辋完全分离。

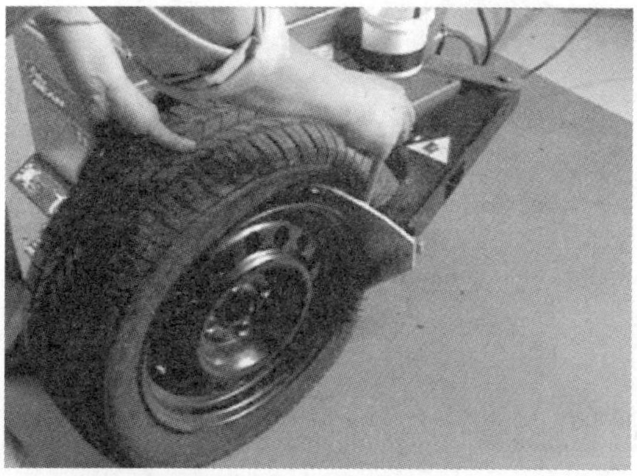

风压铲压下轮胎

胎圈与轮辋分离

(7) 由于有些车辆在轮辋内侧，气门嘴附近安装了轮胎压力传感器，为了养成良好习惯，避免用轮胎拆装机风压铲压胎圈时压坏胎压传感器，所以在操作时禁止压气门嘴附近的胎圈，一般气门嘴一侧风压铲压胎圈的位置均分 3 个位置，压点位置偏离气门嘴。

(8) 将车轮翻转到另一面，调整车轮位置，使风压铲置于轮胎胎圈和轮辋边缘之间。

风压铲避开气门嘴

翻转车轮

(9) 一边转动车轮，一边用脚踩住、松开压缩踏板，使轮胎另一侧胎圈和轮辋完全分离。

(10) 将车轮放到轮胎拆装机转盘上，用脚踩一下夹钳踏板将轮辋固定。

另一侧胎圈与轮辋分离

固定轮辋

(11) 在轮胎上侧胎圈处涂抹适量的轮胎装配润滑液，这样可减轻鸟嘴头与轮胎胎圈的摩擦，避免损伤轮胎。

胎圈处涂抹润滑液

(12) 用剥胎导向杆压住轮辋的边缘，导向杆鸟嘴凹槽和轮辋边缘贴合，锁紧导向杆。

用导向杆压住轮辋边缘

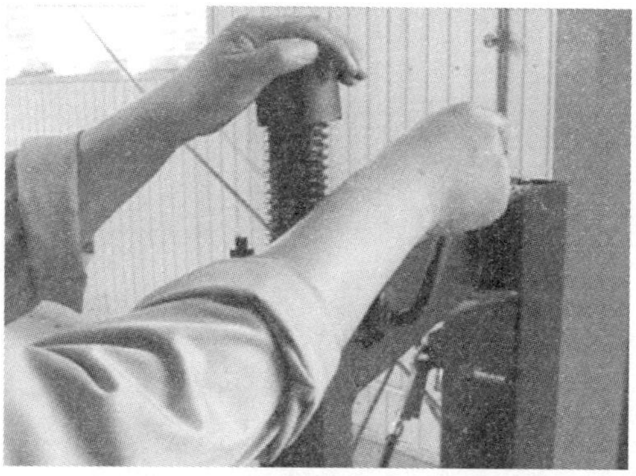

缩紧导向杆

(13) 用轮胎撬杆带钩的一侧插入轮胎与轮辋之间，用力压住撬杆，将轮胎上圈撬入导向杆鸟嘴头。

轮胎上圈撬入导向杆鸟嘴头

(14) 用脚踩旋转踏板，使车轮顺时针旋转一圈，两手配合，将轮胎的一面和轮辋分离。

轮胎与轮辋分离

(15) 用撬杆沿着轮胎下端面插入轮辋和轮胎之间，将轮胎一面抬高，用力压住撬杆，将轮胎下圈撬入导向杆鸟嘴头。

(16) 用脚踩旋转踏板，使车轮逆时针旋转一圈，两手配合将轮胎的另一面和轮辋分离，移开导向杆，取下轮胎。

轮胎下圈撬入导向杆鸟嘴头

移开导向杆取下轮胎

(17) 用脚踩一下夹钳踏板，使夹钳松开，取下轮辋，轮胎拆卸完毕。

拆卸完毕

2) 使用轮胎拆装机安装轮胎

(1) 将轮辋放到车轮转盘上，双手扶住轮辋，用脚踩一下夹钳踏板，将轮辋固定。

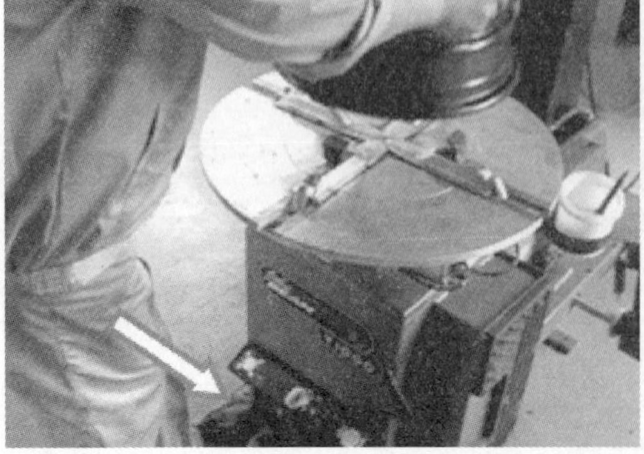

取下轮辋

将轮辋放置并固定在车轮转盘上

(2) 在轮胎胎圈一侧涂抹轮胎装配润滑液，并将涂抹轮胎装配润滑液的一侧向下放在轮辋上。

涂抹润滑液并放置轮胎

(3) 用剥胎导向杆压住轮辋的边缘，将位于导向杆鸟嘴头部的轮胎下边缘压入轮辋，同时将轮辋下边缘放于鸭尾上。

用导向杆压住轮辋边缘，将轮胎下边缘部分压入轮辋

(4) 两手将轮胎下压，用脚踩旋转踏板，使车轮顺时针旋转一圈，将轮胎下圈导入轮辋内。

将轮胎下圈导入轮辋

(5) 在轮胎上侧胎圈上涂抹适量的轮胎装配润滑液，使用撬杆将导向杆鸟嘴头部前方的轮胎上边缘压入轮辋，同时将轮辋上边缘放于鸟尾上。

涂抹润滑液

用撬杆将轮胎压入轮辋

(6) 用脚踩旋转踏板，使车轮顺时针旋转一圈，将轮胎上圈导入轮辋内，然后移开导向杆。

将轮胎上圈导入轮辋

移开导向杆

(7) 接压缩空气管给轮胎充气，直到轮胎胎圈与轮辋完全贴合为止，然后用轮胎气压表检查轮胎气压，其轮胎气压值应为 180 kPa。

轮胎充气并检查轮胎气压

(8) 旋上气门芯，用肥皂水检查气门嘴是否漏气，如果气门嘴冒出气泡，表示气门嘴漏气，应拆下气门嘴检查。如不漏气，装好气门嘴防尘罩。

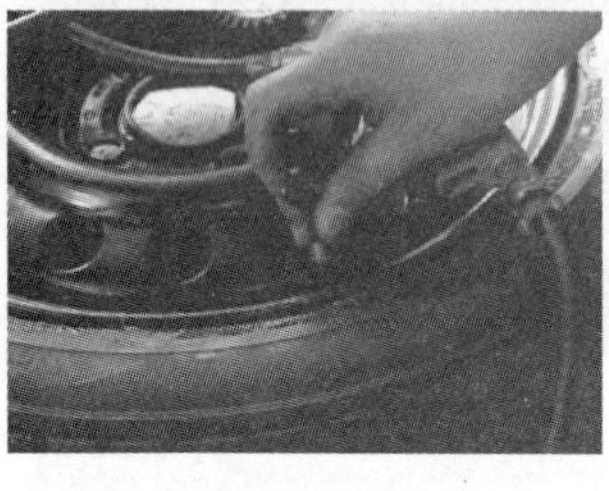

旋上气门芯并检查是否漏气

(9) 用脚踩一下夹钳踏板，将轮辋在固定架上松开，取下车轮。

松开轮辋固定架

取下车轮

(10) 车轮安装完毕，断开轮胎拆装机电源，关闭压缩空气开关。

2. 车轮动平衡的检测与校正

1) 检测前准备

(1) 清除被测车轮上的泥土、石子，保持车轮清洁。拆除车轮上的旧平衡块。

清除泥土石子

拆除车轮上旧平衡块

(2) 检查轮胎气压，应达到规定值。

检查轮胎气压

(3) 准备测试和调整用轮辋宽度测量尺和平衡块拆卸钳。

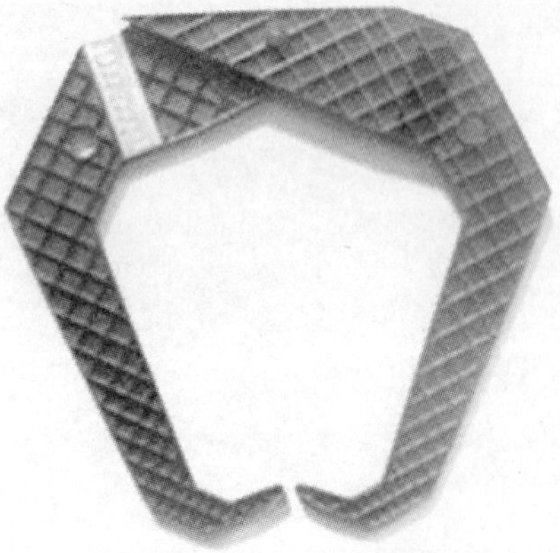

轮辋宽度测量尺

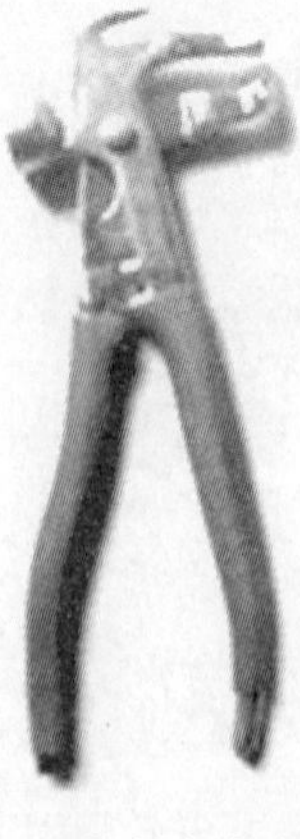

平衡块拆卸钳

(4) 选择与轮辋中心孔匹配的定位锥体。

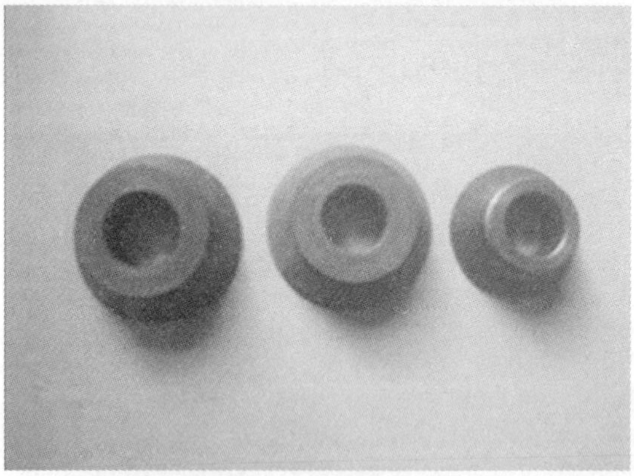

锥体选配

(5) 抬起车轮防护罩,取下车轮锁紧器。

取下车轮锁紧器

(6) 根据轮辋实际结构采用不同的安装方式,把车轮安装在转轴上,然后用车轮锁紧器紧固。

安装车轮

用锁紧器紧固

(7) 检查车轮平衡机,打开电源开关,并预热 5 min 左右。

(8) 检查显示器面板是否指示正确。

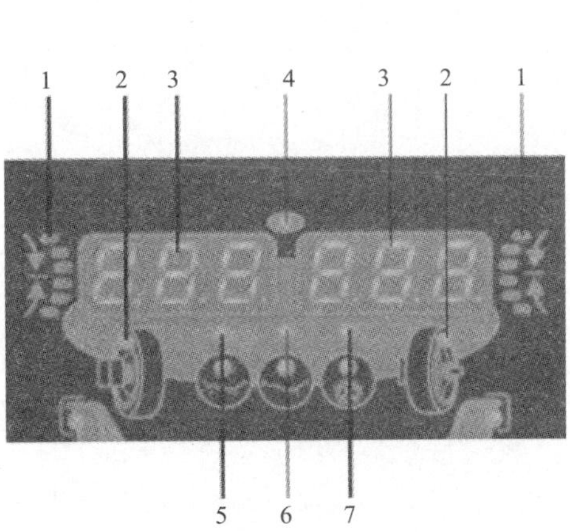

显示器面板

1—校准面旋转指示灯;2—平衡块安装位置指示灯;3—显示器;4—电源指示灯;5—平衡块最小化模式指示灯(M);6—重量单位指示灯(Oz);7—大小单位指示灯(mm)

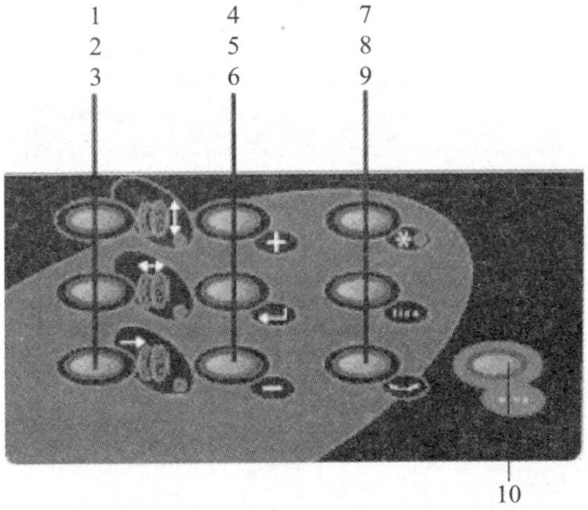

输入面板

1—带指示灯的直径键;2—带指示灯的宽度键;3—带指示器的 Offset 键;4—增加输入数值键;5—确认键;6—减小输入数值键;7—特殊模式键;8—优化键;9—平衡块模式键;10—停止键

2) 检测操作步骤

(1) 按输入面板上的平衡块模式键,选择平衡块安装模式,设备发出声响。选择夹紧式平衡块安装模式。

平衡块安装模式选择

（2）输入轮辋数据。

① 输入轮辋距离。拉出平衡机侧边的测量尺，顶住轮辋边缘，测取轮辋距离值。按输入面板上的Offset键，选择“轮辋距离”模式（一般为自动模式），距离指示灯亮，设备发出声响，显示器上显示当前距离数值，如果需进行调整，可按增加输入数值键或减小输入数值键，调整输入的轮辋距离。

② 输入轮辋宽度。用宽度尺量出轮辋对边宽度，如图“测量轮辋宽度”所示。按输入面板上的宽度键，选择“轮辋宽度”模式，宽度指示灯亮，设备发出声响，显示器上显示当前宽度的数值，然后按增加输入数值键或减小输入数值键，调整轮辋宽度为测量值。

测量轮辋距离

测量轮辋宽度

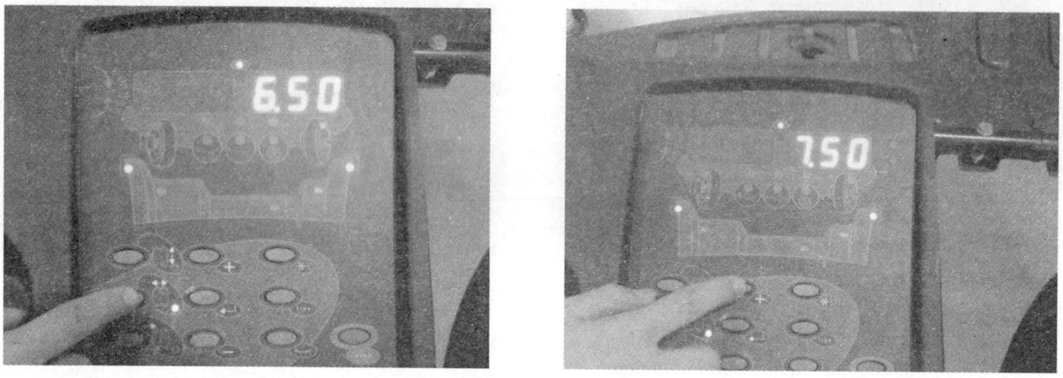

输入轮辋宽度

③ 输入轮辋直径。在轮胎上标有直径，确认后按输入面板上的直径键，选择“轮辋直径”模式，直径指示灯亮，设备发出声响，显示器上显示当前直径的数值，然后按增加输入数值键或减小输入数值键，调整轮辋直径为确认值。

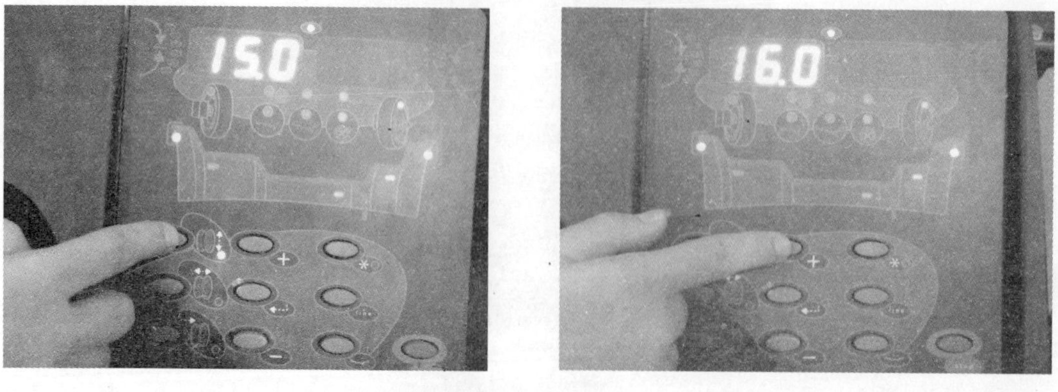

输入轮辋直径

(3) 放下车轮防护罩，按起动按钮，平衡机运转，数秒钟后，平衡机自动停止。左侧显示器显示车轮内侧不平衡值，右侧显示器显示车轮外侧不平衡值。

车轮动平衡测试

(4) 根据内外侧不平衡值选相应的平衡块。

平衡块的选择

(5) 抬起车轮防护罩，用手缓慢转动车轮，至内侧旋转指示灯全亮，同时 WAP 指示灯也亮，表示此时轮辋内侧的不平衡点位置，同样方式可确定车轮外侧不平衡点位置。

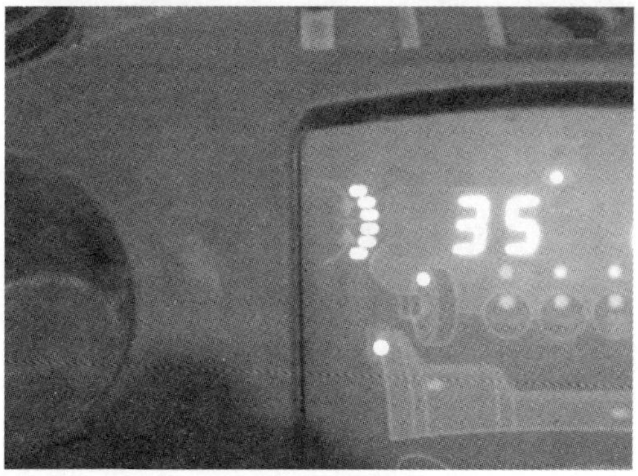

(a) 内侧

(b) 外侧

车轮不平衡位置

(6) 踩下脚踏板停下轮胎。在轮辋的内、外侧不平衡点(12 点钟位置)分别安装平衡块。

安装平衡块

(7) 再次放下车轮防护罩，按起动按钮，重复以上操作步骤，直至两边显示器都显示[00][00]为止，说明车轮已平衡，车轮动平衡测试完成。

平衡测试完成

(8) 测试结束，关闭电源开关，踩住制动脚踏板，旋下车轮紧固器，从转轴上取下车轮。

旋下紧固器，取下车轮

3. 车轮平衡标准与要求

(1) 根据《机动车运行安全技术条件》(GB7258—2004)，车轮总成的横向摆动量和径向跳动量，总质量不大于 3 500 kg 的汽车应不大于 5 mm；摩托车及轻便摩托车不应大于 3 mm；其他机动车不应大于 8 mm。最高设计车速大于 100 km/h 的机动车，其车轮的动平衡要求应符合有关技术条件的规定。

(2) 根据实际测试使用情况并参照国外有关标准及资料，一般检测评定要求是：小型车不平衡质量 ≤10 g，中型车不平衡质量≤20 g 为合格，且车轮每侧轮辋边缘所加平衡块以不超过 3 块为宜。

二、工作页

检测设备：名称________________、型号________________

车轮与轮胎：轮辋形式________________、轮胎规格________________

1. 写出车轮动平衡检测的主要操作步骤及注意事项。

序号	操作步骤	注意事项
1		
2		
3		
4		
5		
6		
7		
8		

2. 测量结果记录。

参数	轮辋宽度/mm	轮辋直径/吋	显示动不平衡值/g		是否需要调整	调整方法
			内侧	外侧		
车轮 1					是　否	
车轮 2					是　否	

注：1 吋＝2.54 cm。

3. 结果分析。

三、复习思考题

1. 用二柱举升机将汽车举起，使车轮离地，用粉笔在轮胎外侧边缘最下部画一个记号，用手转动轮胎几次，每次该记号应停止在什么地方？如果不是这样说明什么？

2. 轮胎动不平衡量不能大于多少？如果过大有何故障现象？

3. 在什么情况下需对车轮做动平衡检测与调整？

实训六 汽车悬架装置检测

姓名：____________ 班级：____________ 日期：____________

一、实训指导

(一) 实训目标

1. 熟悉汽车悬架检测台的基本结构和工作原理；
2. 掌握汽车悬架特性的检测方法和检测标准；
3. 能根据检测结果对悬架装置作出评价。

(二) 安全要求及注意事项

1. 不得将超过检测台允许载荷的汽车驶上悬架检测台；
2. 保持检测台清洁，防止泥水渗入悬架检测台板内，以保证传感器正常工作；
3. 被检测车辆应保持清洁；
4. 为保证测试精度，传感器应预热 30 min。

(三) 设备/工具/耗材要求

设备：乘用车 1 辆，悬架检测台 1 台。
工具：无。
耗材：无。

(四) 实训操作指导

1. 汽车行驶平顺性分析

1）汽车行驶平顺性的定义

汽车行驶平顺性，是指汽车在一般行驶速度范围内行驶时，能保证乘员不会因车身振动而引起不舒服和疲劳的感觉，以及保持所运货物完整无损的性能。由于行驶平顺性主要是根据乘员的舒适程度来评价，又称为乘坐舒适性。

汽车行驶平顺性也指汽车行驶时对不平路面的隔振特性。汽车是由包括车轮、悬架弹簧及弹性减振垫等具有固有振动特性的弹性元件所组成，这些弹性元件可缓和不平路面对汽车的冲击，使乘员舒适和减少货物损伤。

2）汽车行驶平顺性的评价指标

汽车行驶平顺性通常是根据人体对振动的生理反应及对保持货物完整性的影响制定评价方法，用振动的物理量，如频率、加速度、加速度变化率等作为评价指标。

3）汽车行驶平顺性的主要影响因素

影响汽车行驶平顺性的主要因素有悬架结构、轮胎、悬架质量和非悬架质量。

（1）悬架结构

悬架结构主要指弹性元件、导向装置与减振装置，其中弹性元件与悬架系统中阻尼影响较大。

为了衰减车身自由振动和抑制车身、车轮的共振，以减小车身的垂直振动加速度和车轮的振幅，防止车轮跳离地面，悬架系统中应具有适当的阻尼。悬架系统的阻尼主要来自减振器、钢板弹簧片之间的摩擦，以及轮胎变形时橡胶分子间的摩擦。

减振器可提高汽车行驶平顺性，还可增加悬架的角刚度，改善车轮与路面的接触条件，防止车轮离开路面，因而可改善汽车的稳定性，提高汽车的行驶安全性。

（2）轮胎

轮胎对行驶平顺性的影响取决于轮胎的径向刚度、轮胎的展平能力，以及轮胎内摩擦所引起的阻尼作用。当汽车行驶于不平道路时，由于轮胎的弹性作用，轮胎位移曲线较道路断面轮廓要圆滑平整，其长度较道路坎坷不平处的实际长度大，而曲线的高度则较道路不平的实际高度小，即所谓的轮胎展平能力。但轮胎刚度过低，会增加车轮的侧向偏离，影响稳定性，同时，还使滚动阻力增加，轮胎寿命降低。

（3）悬架质量和非悬架质量

由弹性元件承载的部分质量，如车身、车架及其他所有弹簧以上的部件和载荷属于悬架质量，车轮、非独立悬架的车轴等属于非悬架质量。汽车的悬架质量越大，由于车身振动产生的低频和加速度越小，汽车行驶的平顺性越好。如果减小非悬架质量，可使车身振动频率降低，而车轮振动频率升高，这对减少共振、改善汽车行驶平顺性是有利的。非悬架质量对行驶平顺性的影响，常用非悬架质量与悬架质量之比来评价。

2. 悬架装置检测台

汽车悬架装置不仅保证汽车行驶平顺性（舒适性），而且对汽车操纵稳定性、制动安全性等都有影响。因此，汽车悬架的性能是保证汽车主动安全性的重要组成部分，对悬架装置进行检测判断是否符合要求，是否需要更换或修理，有明显的必要性，并特别是对高速行驶的小型车辆是不可缺少的。

汽车悬架装置检测台用于在汽车悬架减震器不解体的情况下，对汽车悬架装置的质量与性能进行快速检测，适用于轴载质量不大于 2 t，具有独立悬架的各种车辆。

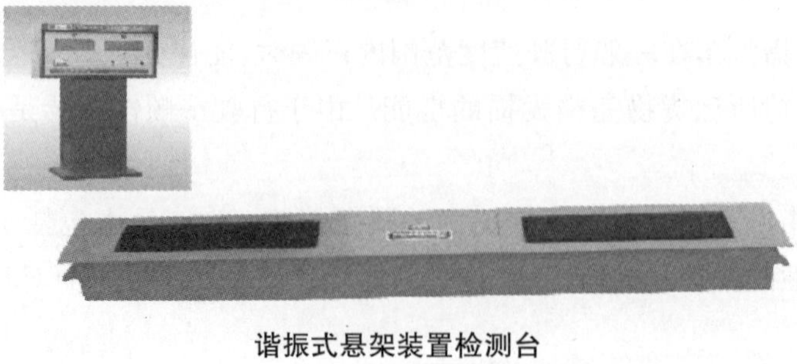

谐振式悬架装置检测台

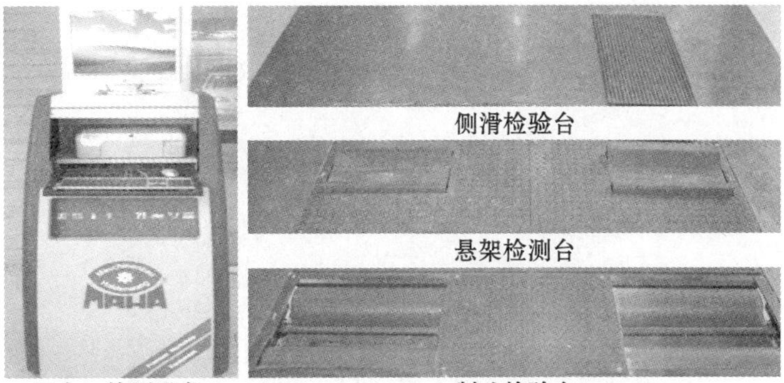

四合一检测设备　　制动检验台

带悬架检测台的四合一综合测试台

3. 悬架特性检测标准

根据《营运车辆综合性能要求和检验方法》(GB18565—2001)中规定，对于最大设计车速≥100 km/h、轴载质量≤1 500 kg的载客汽车，应用悬架检测台按规定的方法进行悬架特性检测，受检车辆的车轮在受外界激励振动下测得的吸收率，即被测汽车共振时的最小动态车轮垂直载荷与静态车轮垂直载荷的百分比值(又称车轮接地性指数)应不小于40%，同轴左右轮吸收率之差不得大于15%。

4. 用悬架检测台检测汽车悬架特性

1) 检测前准备

(1) 检查车辆轮胎气压、应符合规定值；

(2) 悬架检测台台面保持清洁，应无油污；

(3) 检查悬架检测台的电动机、偏心轮、弹簧等组成部分，保证工作正常。

2) 检测操作步骤

(1) 打开操作台右侧的数据传输开关，进入车辆检测主界面，输入被检车辆信息，选择车型、驻车制动方式、检测类型(年检或特检)。

① 点击F6，出现已储存信息界面。

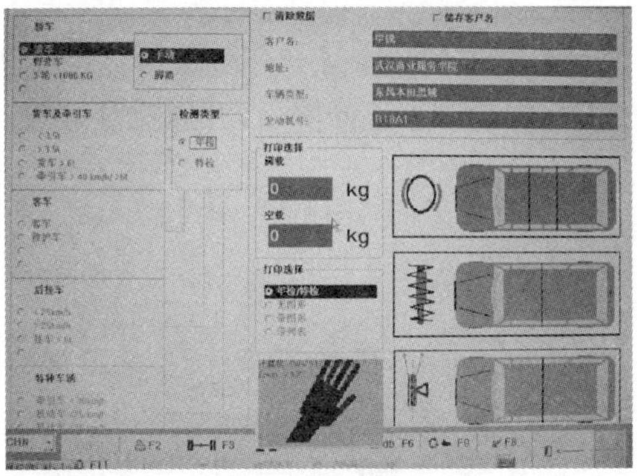

车辆检测主界面

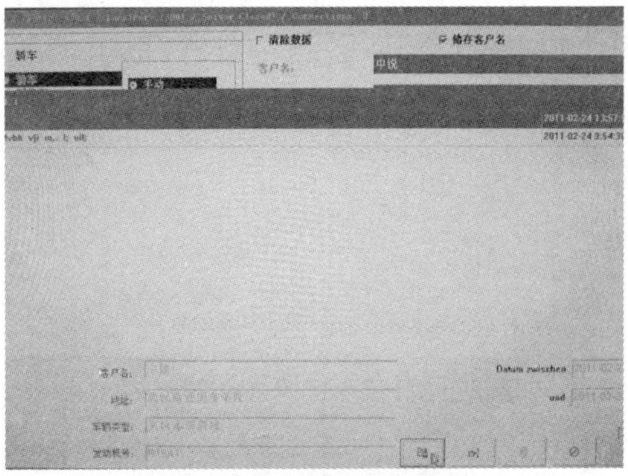

已储存信息界面

② 点击图标，出现信息输入界面。

③ 选择车辆信息，双击鼠标左键，返回主界面。

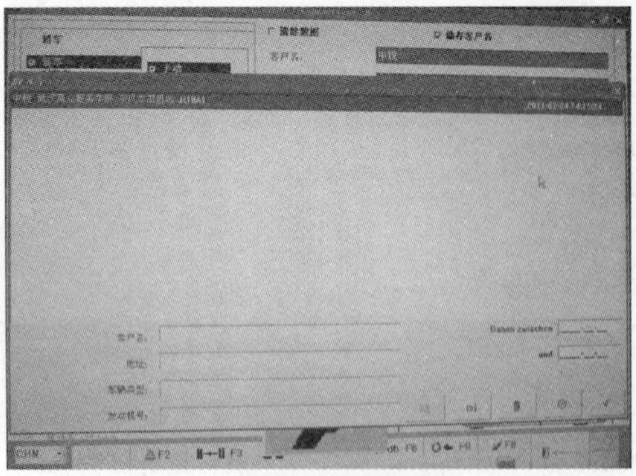

信息输入界面

(2) 点击 F11 进入测量界面，选择车辆测试类型(悬架测试 testshocks)。

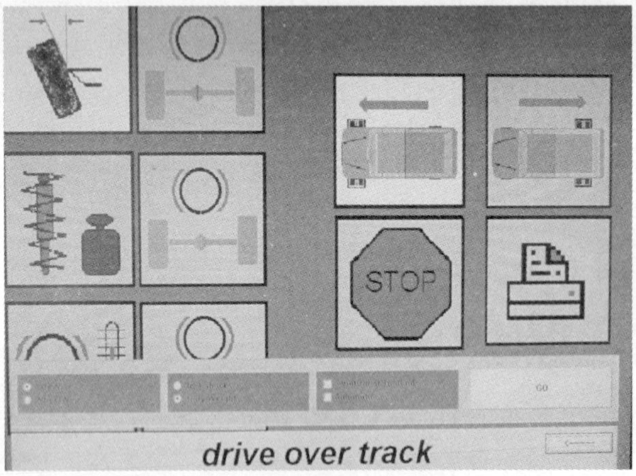

测量界面

(3) 前桥悬架检测。

① 车辆正直居中行驶至悬架检测台，使前桥两车轮位于台面的中央位置，变速器置于空挡，拉起驻车制动器，车上人员(含驾驶人)离开车辆，车辆空载。

② 先进行前轴称重，称重结束后，起动悬架检测台，使激振器迫使汽车悬架产生振动，使振动频率增加超过振荡的共振频率。电动机转速稳定后切断电动机电源，振动频率逐渐降低，并通过共振点。

前桥悬架检测

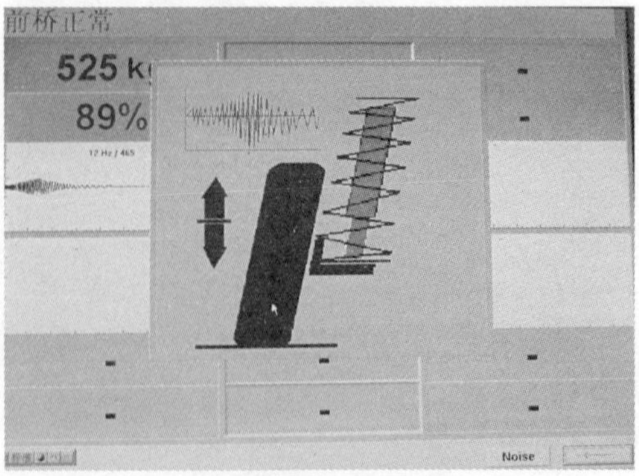

前轮悬架检测界面

③ 记录衰减振动曲线，纵坐标为动态轮荷，横坐标为时间，测量共振时动态轮荷，计算并显示共振时的最小动态车轮垂直载荷与静态车轮垂直载荷的百分比值及其同轴左右轮百分比的差值。

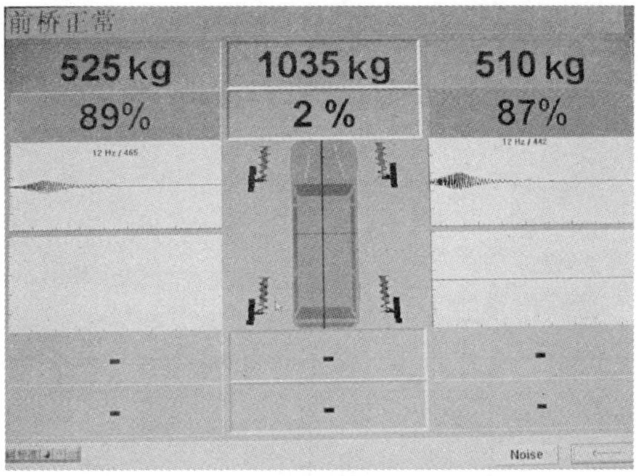

前桥检测结果界面

（4）后桥悬架检测。

① 车辆正直前行，使后桥两车轮位于台面的中央位置，变速器置于空挡，拉起驻车制动器，驾驶人离开车辆，车辆空载。

后桥悬架检测

② 后桥称重结束后，起动悬架检测台，进行后轮悬架检测。当后桥悬架检测结束时，出现检测结果界面。

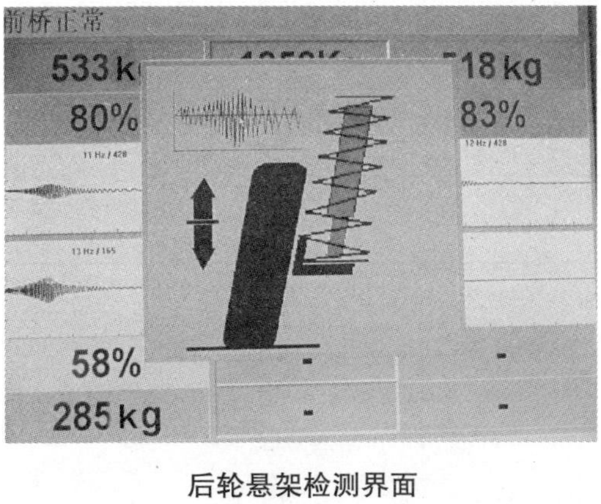

后轮悬架检测界面

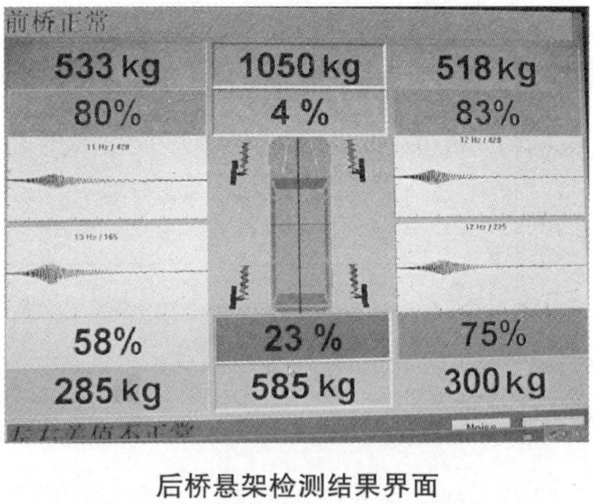

后桥悬架检测结果界面

(5) 根据悬架检测结果判定各车轮悬架吸收率和左右轮吸收率之差是否符合要求，吸收率栏显示绿色为合格，显示黄色为偏低，左右轮吸收率之差栏显示红色为超差。

二、工作页

实训车辆：车型________________、排量________________、燃油类别________________

检测设备：名称________________、型号________________

1. 写出悬架装置检测的主要操作步骤及注意事项。

序号	操作步骤	注意事项
1		
2		
3		
4		
5		
6		

2. 检测结果记录。

检测项目		检测结果	评价
悬架吸收率	前左		合格　不合格
	前右		合格　不合格
	差值		合格　不合格
	后左		合格　不合格
	后右		合格　不合格
	差值		合格　不合格

3. 结果分析。

三、复习思考题

1. 汽车悬架装置的使用性能属于汽车的什么使用性能？

2. 汽车悬架装置的评价指标是什么？

3. 汽车悬架装置有哪些故障？故障现象是什么？

实训七　汽车排气污染物检测

姓名：__________　　班级：__________　　日期：__________

一、实训指导

(一) 实训目标

1. 了解汽车排气污染物的主要成分及其危害；
2. 熟悉汽车尾气分析仪的基本结构和工作原理；
3. 熟悉汽车烟度计的基本结构和工作原理；
4. 能正确使用汽车废气分析仪进行汽油车排气污染物检测；
5. 能正确使用汽车烟度计进行柴油车或柴油发动机烟度检测；
6. 掌握汽车排气污染物的检测项目及检测操作步骤；
7. 熟悉汽车排气污染物的检测标准及排放限值。

(二) 安全要求及注意事项

1. 被检车辆只能由指定的教师操作。
2. 严格按照制造厂商的操作使用要求操作。
3. 严格安全操作规程，在室内检测时，要注意通风换气，以防止人员中毒。
4. 检测时，发动机转速一定要控制在规定的转速范围内。
5. 检测过程中不要弯折取样软管。检测结束，应立即把取样探头从排气管里抽出。
6. 取样探头不用时，要垂直吊挂，不要平放，以防管内积水腐蚀取样探头。
7. 不要在有油或有机溶剂的地方进行检测。
8. 检测仪器应水平放置在湿度小、温差小、无振动的地方。
9. 校准用的标准气样有毒，应注意妥善保管。
10. 检测仪器应定期保养，以确保使用精度。

(三) 设备/工具/耗材要求

设备：汽油车 1 辆或汽油发动机台架 1 台，柴油车 1 辆或柴油发动机台架 1 台，汽车废气分析仪 1 套，滤纸式烟度计 1 套，不透光烟度计 1 套，压缩空气系统 1 套。

工具：常用工具 1 套。

耗材：标准气样 1 瓶，前置过滤器 1 个、过滤纸若干。

（四）实训操作指导

1. 汽车排气污染物检测仪器

1）汽车废气分析仪

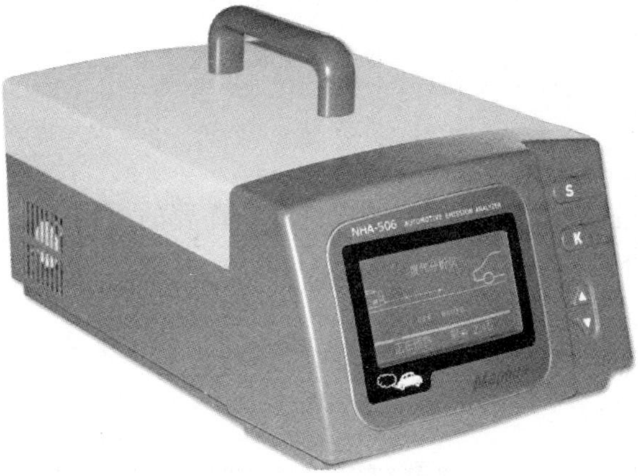

汽车废气分析仪

（1）汽车废气分析仪基本检测原理

汽车排气中的CO、HC、CO_2 等气体，对红外线分别具有吸收一定波长的性质，而且红外线被吸收的程度与废气浓度之间有一定的关系。

汽车废气分析仪采用不分光红外吸收法原理，测量汽车排放废气中的一氧化碳（CO）、碳氢化合物（HC）和二氧化碳（CO_2）的成分，用电化学电池原理测量排气中的氮氧化合物（NO）和氧气（O_2）的成分，并可根据测得的CO、CO_2、HC和 O_2 的成分计算出空气过量系数 λ。

汽车废气分析仪除具有实时测试功能外，还按照国家标准《点燃式发动机汽车排气污染物排放限值及测量方法　双怠速法》（GB18285—2005）的规定，编排了怠速工况和双怠速工况下检测的专用程序，对检测结果自动控制。

（2）汽车废气分析仪的结构及功能

汽车废气分析仪包括废气取样装置、废气分析装置、废气浓度指示装置和校准装置等。

① 废气取样装置：由探头、滤清器、导管、水分离器和泵等组成。

作用：通过取样探头、导管和泵从车辆排气管里采集废气，再用滤清器和水分离器把废气中的碳渣、灰尘和水分等除掉，只把废气送入分析装置。

② 废气分析装置：由红外线光源、气样室、旋转扇轮（截光器）、测量室和传感器等组成。

作用：按照不分光红外线分析法，从来自取样装置的混有多种成分的废气中，测量出CO和HC的浓度，并以电信号形式输送给废气浓度指示装置。

③ 浓度指示装置：由CO指示装置和HC指示装置组成。CO的浓度以体积百分数（%）表示；HC浓度以正己烷当量体积的百万分数（10^{-6}）表示。

④ 校准装置：是一种为了保持分析仪的指示精度，使之能准确指示测量值的装置。

标准气样校准装置，是把分析仪生产厂附带的供校准用的标准气样，从分析仪上专设的标准气样注入口直接送到废气分析装置，再通过比较标准浓度值和指示值的方法来进行校准的一种装置。

（3）仪器的组成及主要按键、开关和元件的功能

① 仪器主要由仪器主机、短导管、前置过滤器、取样管、取样探头、嵌入式微型打印机（选购件）等组成。

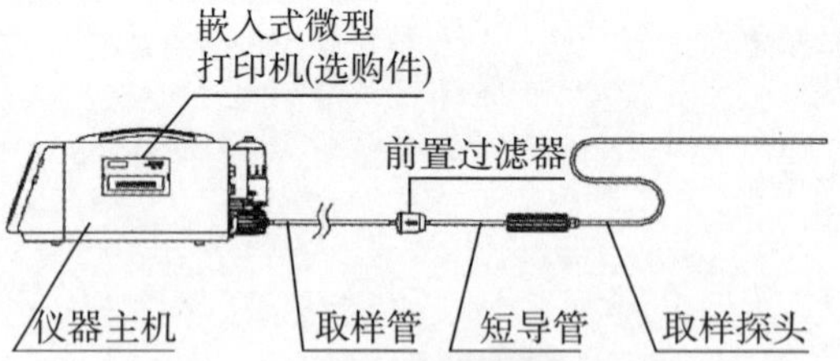

仪器的组成

② 前面板各部分的功用。

液晶显示屏：显示中文菜单和测量数据。

“S”功能键：水平移动液晶显示屏上的光标，以选择所需要的项目。

“K”功能键：确认所选择的项目。

“▲”功能键：上移液晶显示屏上的光标，选择所需项目。

“▼”功能键：下移液晶显示屏上的光标，选择所需项目。

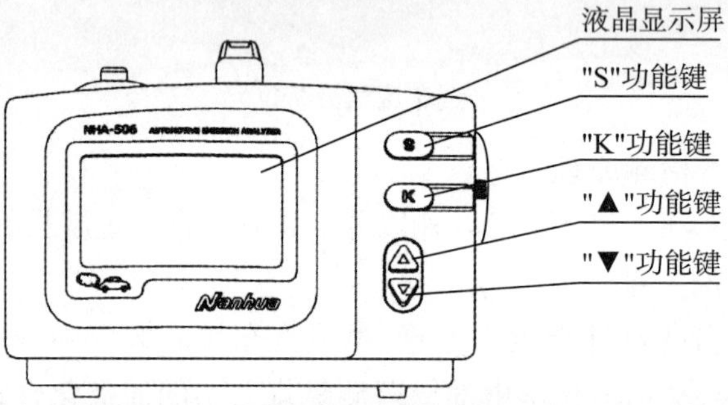

仪器前面板布置图

③ 后面板各部分的功用。

油温信号插座：输入油温探头的信号。

电源插座及开关：插座用于输入 220 V 交流电源，开关用于接通或断开电源，内装 1A 熔断丝和电源噪声滤波器。

RS－232C 插座：与外部计算机通信的标准 RS－232C 接口。

“通信/打印”转换开关：使仪器在“本机打印”或“与外部计算机通信”间切换。（打印机为选配件。打印时，应将转换开关拨到“打印”方向才能正常打印）

主排气口：样气测量后的排出口。

冷凝器及样气入口：样气入口通过取样管与前置过滤器出口相连，接入待测的样气。冷凝器可降低样气的温度，防止进入分析光学平台的气体产生冷凝水。

转速信号插座：输入转速测量钳或转速适配器信号。

传感器罩：氧化氮传感器和氧传感器的保护罩。

零气过滤器：过滤空气中的粉尘。

标准气入口：用作校准的标准气体入口，压力约 0.02 MPa。

水过滤器：分离待测样气中的油、水，滤去粉尘，需要根据实际使用情况更换内置的大、小圆筒滤芯。

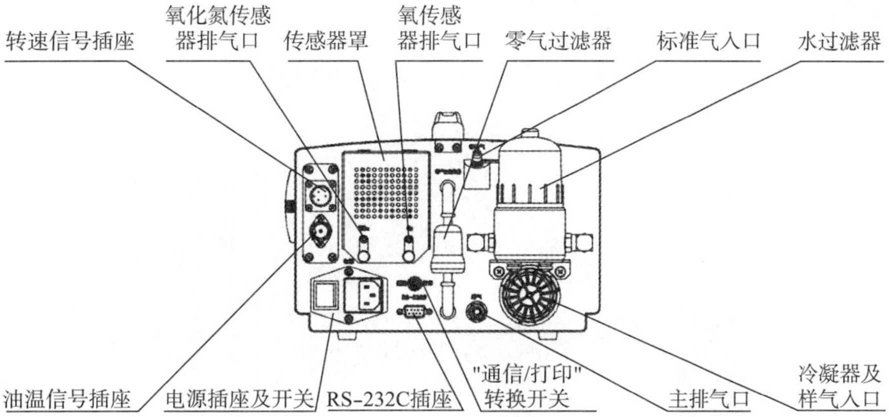

仪器后面板布置图

2）滤纸式烟度计

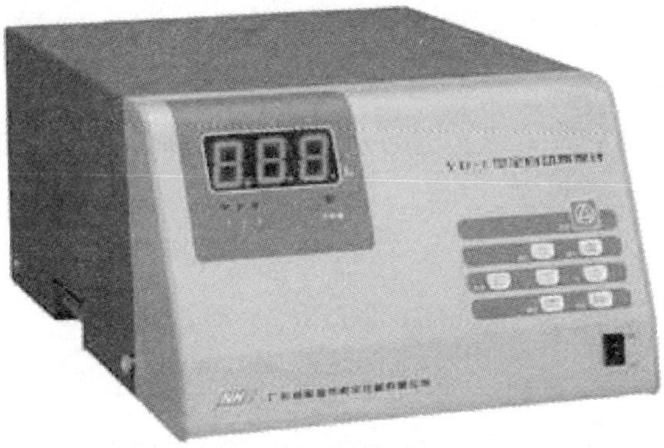

全自动滤纸式烟度计

（1）底座

底座是仪器整机的基座，装有气缸、电磁阀、检测机构以及驱动电动机等仪器的主要部件。

（2）前面板

前面板上装有电源开关、检测结果显示板和操作键盘。

（3）后面板

后面板上装有电源插座、输出信号插座、样气进口、清洗压缩空气进口、熔断盒、脚踏开关插座。

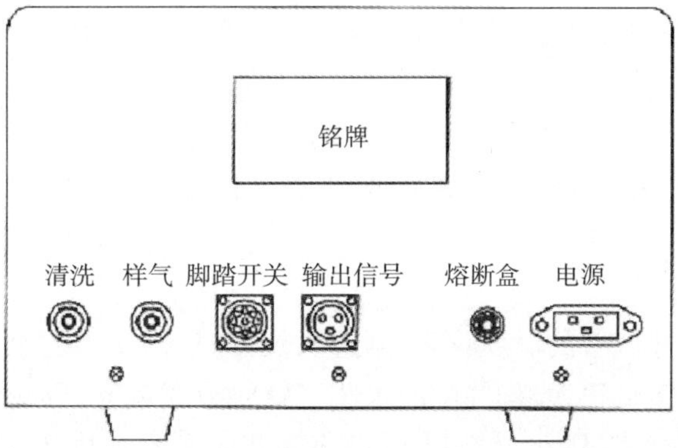

仪器后面板布置图

3）不透光烟度计

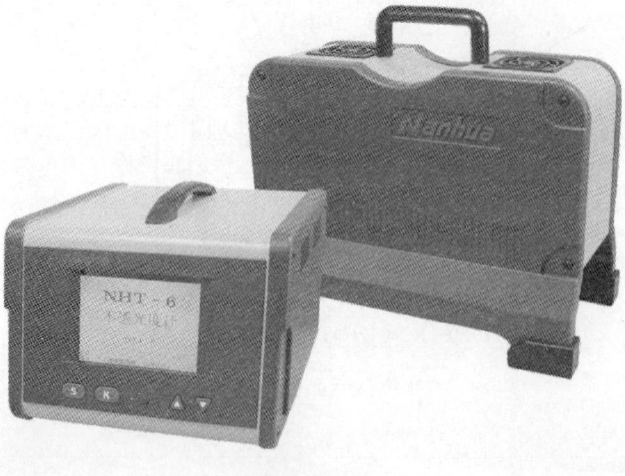

不透光烟度计

（1）不透光烟度计的测量原理

不透光烟度计测量排烟污染程度的原理是使光束通过一段给定长度的排烟，通过测量排烟对光的吸收程度来决定排烟对环境的污染程度。

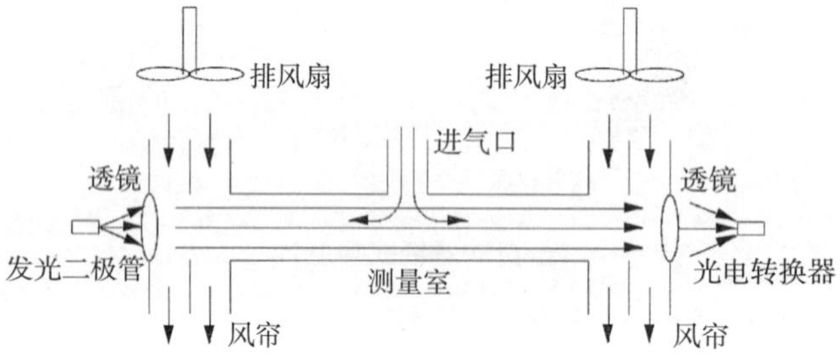

不透光烟度计的测量原理

如上图所示，不透光度计测量单元的测量室是一根分为左右两半部分的圆管，被测排气从中间的进气口进入，分别穿过左圆管和右圆管，从左出口和右出口排出。左右两侧装有两个凸透镜，左端装有绿色发光二极管，右端装有光电转换器，发光二极管至左透镜及光电转换器至右透镜的光程都等于透镜的焦距。因此，发光二极管发出的光通过左透镜后就成为一束平行光，再通过右透镜后，汇聚于光电转换器上，并转换成电信号。排气中含烟越多，平行光穿过测量室时光能衰减越大，经光电转换器转换的电信号就越弱。

排气中夹带着许多炭烟微粒，如果让排烟直接接触左右透镜的表面，炭烟微粒将会沉积在上面，吸收光能，从而影响测量结果。为使光学系统免遭烟的污染，仪器采用了“空气气幕”保护技术。烟度计中的排风扇将外界的清洁空气吹入左右透镜与测量室出口之间的通道，使透镜表面形成“风帘”，避免其沾染上炭烟微粒。

排气中含有水分。由于排气管的温度较高，刚进入仪器时，排气中的水分仍保持在气态。如果仪器测量室管壁的温度比排气温度低很多，排气中的水蒸气就要冷凝成雾，影响测量结果。为了防止冷凝的影响，测量室管壁的温度应始终保持在70℃以上，为此测量室装有加热及恒温控制装置。

（2）不透光烟度计的组成及功能

主要由测量单元、控制单元、取样探头、连接电缆等组成。

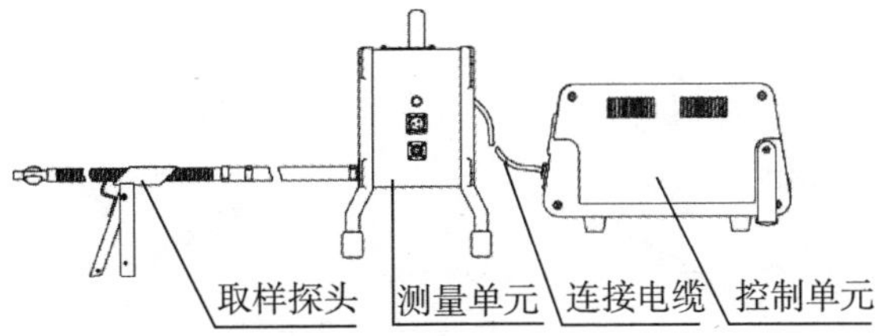

仪器的组成

① 控制单元前面板及后面板的布置如下图所示。

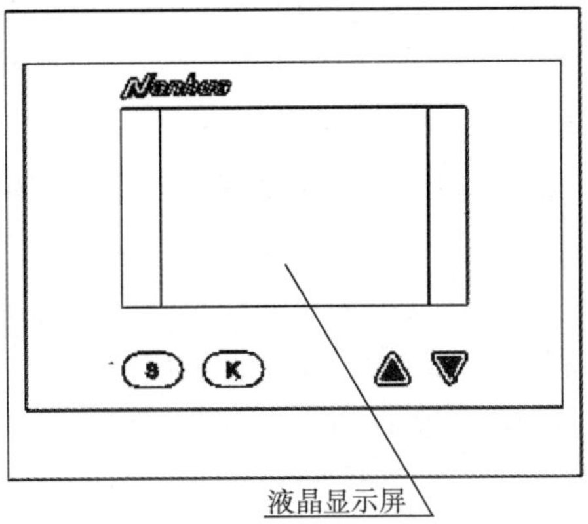

控制单元前面板布置图

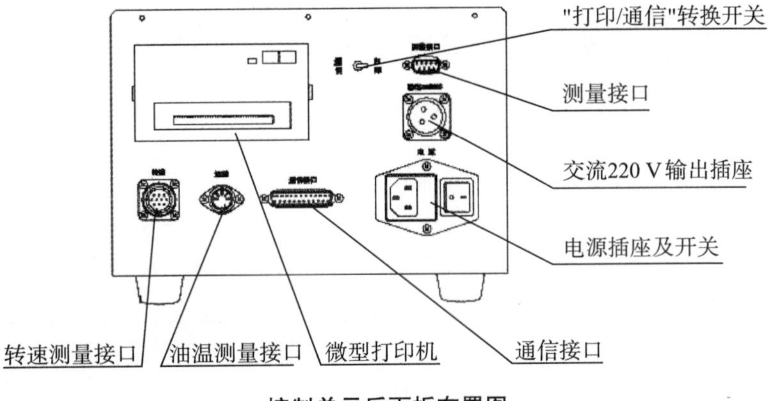

控制单元后面板布置图

② 控制单元后面板各部分的功用。

“打印/通信”转换开关：使仪器在“本机打印”或“与外部计算机通讯”间切换。

测量接口：用于连接信号电缆，接收来自测量单元的检测数据信号。

交流 220 V 输出插座：用于连接电源电缆，将 220 V 交流电源输出给测量单元。

电源插座及开关：输入 220 V 交流供电电源，开关用于接通或断开电源，内装 3 A 保险管和电源噪声滤波器。

通信接口：与外部计算机通讯的 RS232 串行接口。

微型打印机：可打印每次测量结果的数据。

油温测量接口：用于输入油温测量信号。

转速测量接口：用于输入转速测量信号。

③ 测量单元顶面和侧面的布置如下图所示。

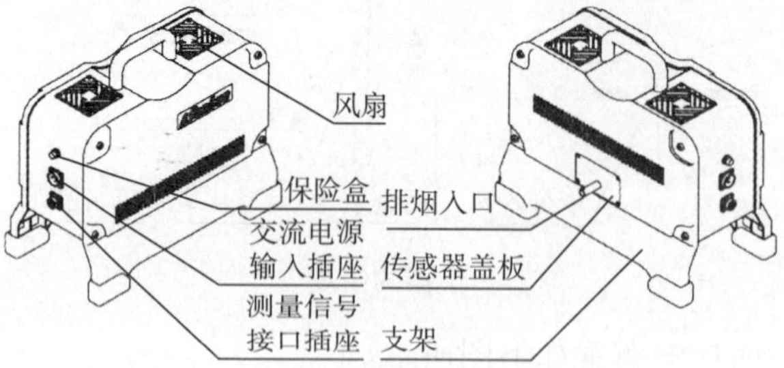

测量单元

④ 测量单元各部分的功能。

风扇：清洁空气由此进入，并形成保护气幕。

排烟入口：与取样探头的导管相连，被测车辆的排气由此进入测量单元。

保险盒：内装有 3 A 保险管。

电源输入插座：用于连接电源电缆，接受控制单元输出的交流电源。

测量信号接口插座：用于连接信号电缆，向控制单元输出检测数据信号。

传感器盖板：内装有排烟温度传感器，更换时须打开此盖板。

支架：支撑测量单元并使其高于地面一段距离，以便测量后的废气和保护气幕的空气排出。

2. 检测标准及排放限值

1）汽油车

(1) 执行标准

汽油车尾气排放检测执行《点燃式发动机汽车排气污染物排放限值及测量方法》(双怠速法及简易工况法)(GB18285—2005)。

(2) 排放限值

装用点燃式发动机的在用汽车排气污染物排放值(体积分数)不应大于下列限值。

车　型	类　别			
	怠　速		高怠速	
	CO	$HC/10^{-6}$	CO	$HC/10^{-6}$
1995 年 7 月 1 日前生产的轻型汽车	4.5%	1 200	3.0%	900
1995 年 7 月 1 日起生产的轻型汽车	4.5%	900	3.0%	900
2000 年 7 月 1 日起生产的第一类轻型汽车	0.8%	150	0.3%	100
2001 年 10 月 1 日起生产的第二类轻型汽车	1.0%	200	0.5%	150
1995 年 7 月 1 日前生产的重型汽车	5.0%	2 000	3.5%	1 200
1995 年 7 月 1 日起生产的重型汽车	4.5%	1 200	3.0%	900
2004 年 9 月 1 日起生产的重型汽车	1.5%	250	0.7%	200

(3) 高怠速规定

轻型汽车规定为(2 500±100)r/min;重型汽车规定为(1 800±100)r/min;如有特殊规定的,按照制造厂技术文件中规定的高怠速转速。

(4) 使用闭环控制电子燃油喷射系统和三元催化转化器技术的汽车

对于使用闭环控制电子燃油喷射系统和三元催化转化器技术的汽车进行过量空气系数(λ)的测定。发动机转速为高怠速转速时,λ 应在(1.00±0.03)或制造厂规定的范围内。进行 λ 测试前,应按照制造厂使用说明书的规定预热发动机。

2) 柴油车

(1) 执行标准

柴油车排放烟度检测执行《车用压燃式发动机和压燃式发动机汽车排气烟度排放限值及测量方法》(GB3847—2005)。

(2) 排放限值

① 对于2001年10月1日前生产的在用汽车。

自1995年6月30日以前生产的在用汽车和1995年7月1日起至2001年9月30日期间生产的在用汽车,应按《在用汽车自由加速试验　滤纸式烟度法》的要求进行在自由加速试验,所测得的自由加速烟度值不应大于下列限值。

汽　车　类　型	烟度值/Rb
1995年6月30日前生产的在用车	5.0
1995年7月1日至2001年9月30日期间生产的在用车	4.5

② 对于2001年10月1日起生产的在用汽车。

自2001年10月1日起至2005年7月1日生产的在用汽车,应按标准规定的《在用汽车自由加速试验　不透光烟度法》的要求进行自由加速试验,所测得的排气光吸收系数不应大于下列限值。

汽车类型	排气光吸收系数/m^{-1}
自然吸气式	2.5
涡轮增压式	3.0

③ 对于2005年7月1日以后生产的在用汽车。

自2005年7月1日起,按标准规定经型式核准生产的在用汽车,应按《在用汽车自由加速试验　不透光烟度法》进行自由加速试验,所测得的排气光吸收系数不应大于车型核准的自由加速排气烟度排放限值,再加0.5 m^{-1}。

3. 汽油车排气污染物检测

1) 检测前准备

(1) 车辆准备

① 应保证被检测车辆处于规定的正常状态,发动机进气系统、排气系统及消声器不得有泄漏;

② 起动车辆,预热发动机,保证发动机冷却液温度和机油温度应不低于80℃,或者达到汽车使用说明书规定的热车状态。

（2）仪器准备

① 仪器取样软管长度为 5 m，取样探头长度不小于 400 mm，并应有插深定位装置；

② 安装取样管，检查各连接处，确认连接可靠，仪器的取样系统不得有泄漏；

③ 确认前置过滤器、分水过滤器、粉尘过滤器及二次过滤器里分别装入洁净的滤芯和滤纸；

④ 连接电源线、油温测量探头和转速测量钳；

⑤ 将电源线插到 220 V 交流电源的插座上，接通仪器的电源开关，仪器预热 600 s（10 min）。

2）检测操作步骤

（1）仪器预热、检漏及调零

① 仪器开机预热。

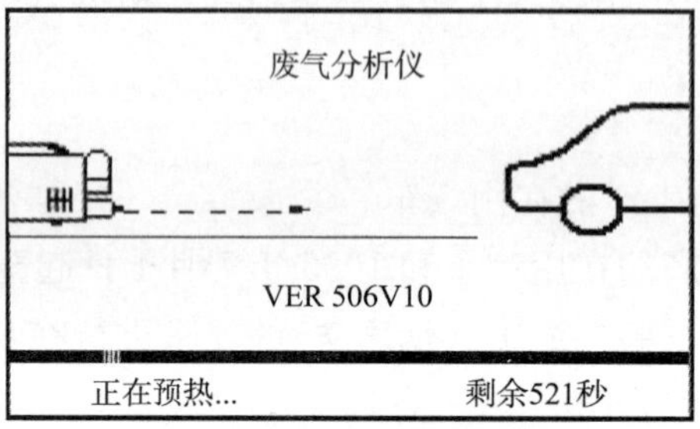

开机预热

② 泄漏检查。

仪器预热完成后会自动进入泄漏检查界面，检查气路系统是否有泄漏，这时液晶显示屏将出现提示："用密封套堵住取样探头　K 确认"，按提示操作，按 K 键开始检漏。之后，会出现提示："正在检漏……请等待××秒"（其中"××秒"表示剩余的检漏时间，倒计时，总共 10 s），泄漏检查。

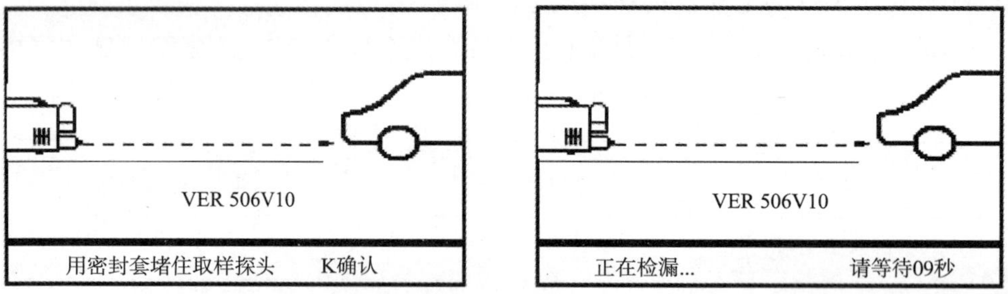

检漏检查

检漏完毕，如有泄漏，将出现提示："有泄漏　请检查　按 K 键重新检漏"。应仔细检查气路，予以排除。然后重新检漏，如无泄漏，会出现提示"OK"字样，仪器将进入自动调零。

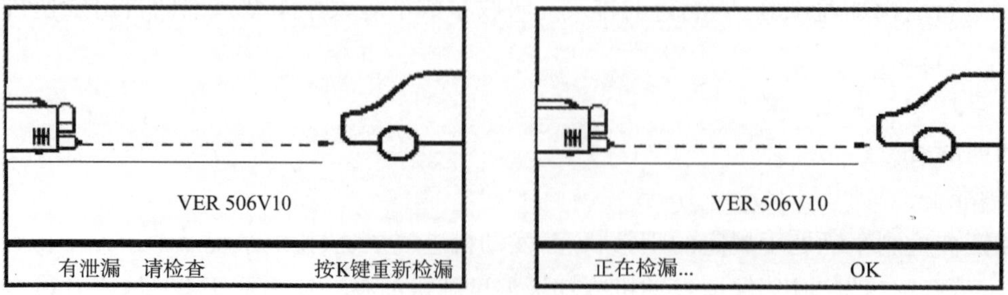

重新检漏

③ 自动调零。

仪器进入自动调零时，显示屏将出现提示："正在调零......请等待"，如果调零完成，显示屏会显示"OK"，几秒钟后，提示消失，显示屏进入主菜单。

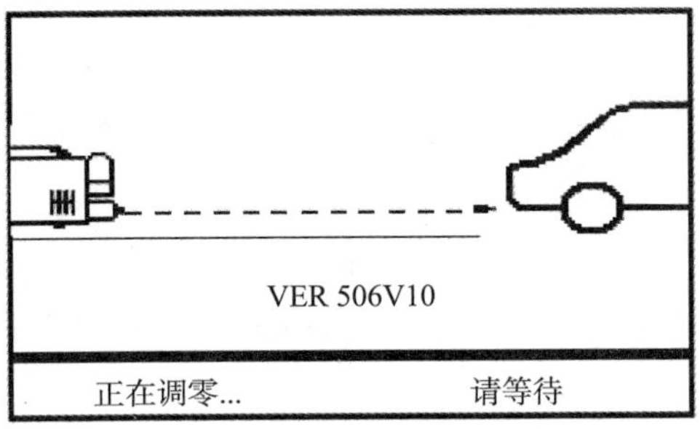

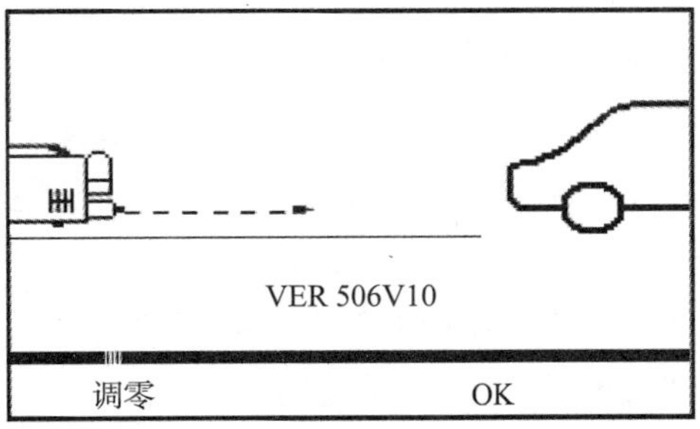

自动调零

(2) 进入主菜单，进行相关操作

仪器的主菜单，上部是菜单名称，中部是 HC、CO、CO_2、O_2、NO、n(转速)、λ(过量空气系数)、T(润滑油温度)和 PEF 的实时测量值显示区，下部是操作菜单提示区。

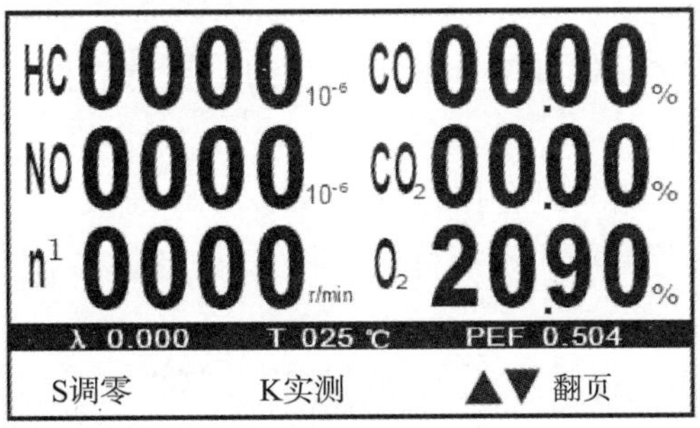

主菜单

按"▲"键或"▼"键，可使操作菜单向前或向后翻，共有"S 调零"、"K 实测"、"S 怠速"、"K 双怠速"、"S 检漏"、"K 校准"、"S 数据管理"和"K 设置"八个功能菜单。S 调零：执行手动调零操作；K 实测：进入实时测量界面；S 怠速：进入怠速测量界面；K 双怠速：进入双怠速测量界面；S 检漏：执行手动检漏操作；K 校准：进入气体和油温校准菜单；S 数据管理：进入数据管理子菜单；K 设置：进入设置子菜单。

按压功能菜单前对应"S"键或"K"键，则进入相应的子菜单。反之，无论从哪个项目(子菜单)退出都会返回到主菜单。

① 调零。

仪器具有自动调零功能，能对零位进行周期性地(每半小时一次)自动校准，一般情况下无需再人工起动调零。但是，当用户认为有必要对仪器调零时，可在主菜单下，按"▲"键或"▼"键翻至菜单"S 调零"出现，然后按压"S"键，仪器立即响应进入调零程序，显示屏上部将出现提示："正在调零……请等待"。如果调零完成，显示屏会显示"OK"。停顿几秒钟后，提示会自动消失，显示屏返回主菜单界面。

② 气体校准。

仪器使用过程中会产生漂移，电化学传感器会老化，因此，仪器使用一段时间(一般 3～6 个月)后应进行量距校准。由于老化的原因，O_2传感器和 NO 传感器使用约 12 个月就需要进行更换。NO 传感器更换后，应执行"清除 NO 老化标志"，并重新校准该测量通道才能投入使用。

在校准过程中，如果操作失误，造成数据严重偏差，在无法重新校准的情况下，可启用“恢复出厂校准系数”进行恢复，使数据恢复到出厂时的状态（注意：只能恢复 HC、CO、CO_2 测量通道的校准，O_2 及 NO 测量通道无法通过此功能恢复）。

a. 选择标准气。

量距校准使用两种标准气。

三组分气体：CO 的体积分数约为 3.5%$\times 10^{-6}$；C3H8（丙烷）的体积分数约为 2 000$\times 10^{-6}$（0.2%）；CO_2 的体积分数约为 14%；N_2（氮气）剩余值。

单组分气体：NO 的体积分数约为 1 000$\times 10^{-6}$（0.1%）；N_2（氮气）剩余值。

校准时使用的实际校准值以校准气瓶标签上的成分标称值为准，其不应超过以上值的 15%。

b. 校准 HC、CO、CO_2 通道的量距。

c. 校准 NO 通道。

③ 油温校准。

环境温度在认为需要的时候，可进行校准。

④ 泄漏检查。

本仪器在预热完成后会自动进入泄漏检查，如有需要，可随时进行手动泄漏检查。泄漏检查的步骤：

a. 在主菜单下，按“▲”键或“▼”键翻至菜单“S 检漏”出现，然后按压“S”键，仪器将进入泄漏检查操作界面。

b. 液晶显示屏将出现提示：“用密封套堵住取样探头　K 确认”。应按此提示操作，按“K”键开始检漏。之后，会出现提示：“正在检漏……请等待××秒”，其中“××秒”表示剩余的检漏时间（倒计时，总共 10 s）。

c. 检漏完毕，如有泄漏，将出现提示：“有泄漏　请检查”和“按 K 键重新进行泄漏检查”。用户应仔细检查整个气路，予以排除，然后按“K”键重新开始检漏。

d. 如无泄漏，会出现提示“OK”字样，停顿几秒钟后，返回主菜单界面。

⑤ 设置。

为了便于用户设定燃料的种类和通信波特率等，本仪器设立了设置菜单。在主菜单下，按“▲”键或“▼”键翻至菜单“K 设置”出现，然后按压“K”键，仪器进入设置菜单界面。

⑥ 数据管理。

在主菜单下，按“▲”键或“▼”键翻至菜单“S 数据管理”出现，然后按压“S”键，仪器进入实时数据管理菜单，其中“本机已储存数据数量”后面的数字表示该分析仪已经储存的车辆检测数据的数量，最多为 200 组。

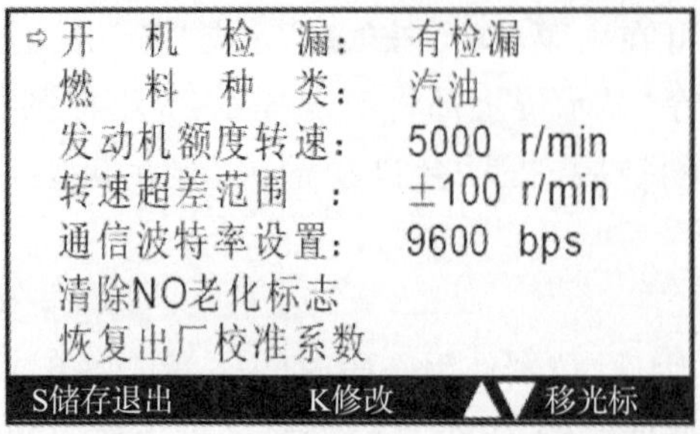

设置菜单

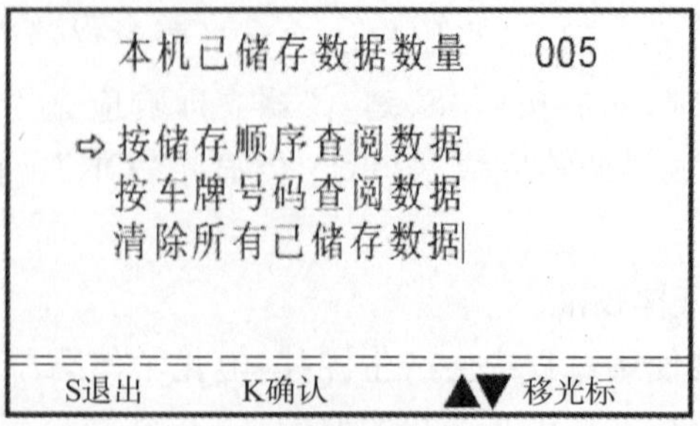

数据管理菜单

(3) 排气污染物测量

① 实时测量。

在主菜单下，按"▲"键或"▼"键翻至菜单"K 实测"出现，然后按压"K"键，仪器进入实时测量界面。

实时测量界面的上部是子菜单名称，中部是 HC、CO、CO_2、O_2、NO、n(转速)、λ(过量空气系数)、T(润滑油温度)和 PEF 的实时测量值显示区，下部是操作菜单提示区。左上角有一个指示当前流量的标尺，3 格到 5 格表示流量正常。1 格或无格则表示流量不足，发生气路阻塞，这时流量标尺左侧"F"字样将出现闪烁。

进入"实时测量"方式后，仪器的气泵将起动。这时应把取样探头插入被测车辆的排气管中，插入深度为 400 mm。显示屏将实时显示出排气中 HC、CO、CO_2、O_2、NO 的即时值以及 λ 值和 PEF 值。如果已安装好转速测量钳和油温测量探头，显示屏上将实时显示出发动机转速(n)和润滑油温度(T)的即时值。

a. 改变发动机点火方式。在实时测量界面，发动机转速"n"符号右上角标记数字"1"表示发动机点火方式为单次点火，标记数字"2"表示发动机点火方式为二次点火。为方便用户快捷地选择正确的被测车辆的发动机点火方式，在该界面下用户只需要按"▲"键或"▼"键，则可来回切换"n^1"或"n^2"，发动机转速的实时测量数值就会根据不同的点火方式进行自动转换。

b. 数据锁定。在实时测量过程中，如果需要对测量数据进行锁定，可在实时测量界面按"S"键，则进入数据锁定界面，如下图所示。所有实时数据将锁定，方便用户记录当前的测量数据。在数据锁定界面，用户可直接按压"S"键，直接返回主菜单界面。

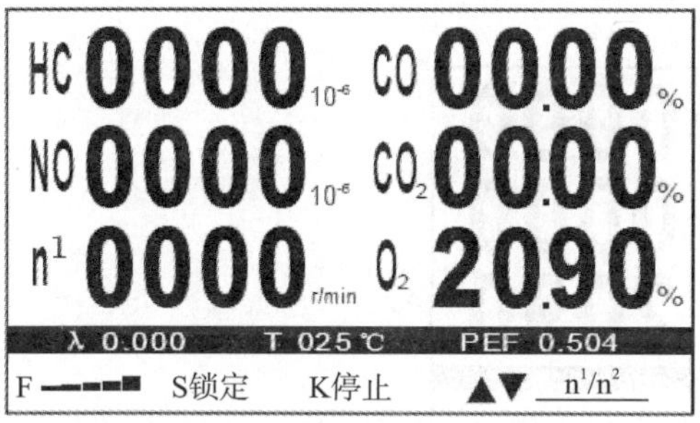

实时测量

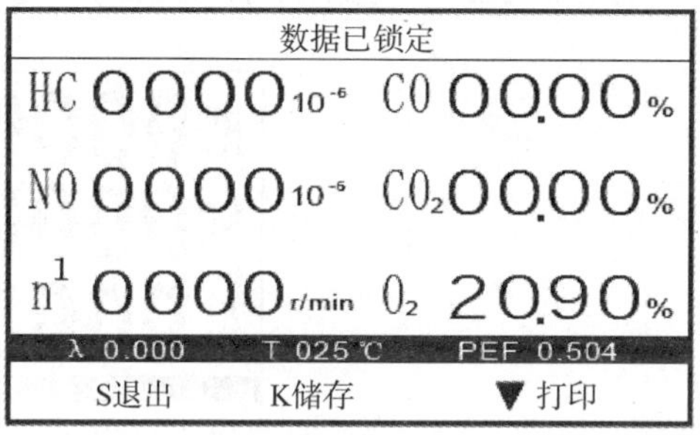

数据锁定

c. 数据储存。如果要储存测量结果，则在数据锁定界面，按"K"键，进入车牌号码输入界面，如下图所示。屏幕上部提示"请输入车牌号码　▲▼修改"，屏幕左下角为当前输入的七位车牌号码，第一位(汉字)和第二位(英文)默认为上一次输入的车牌号码的第一位和第二位，后五位默认为"00000"，反白光标默认在车牌号码的第三位。用户如需要输入车牌号码，则可按提示操作，按"S"键移动光标至需要修改的号码位，再按"▲""▼"键修改为相应的号码。

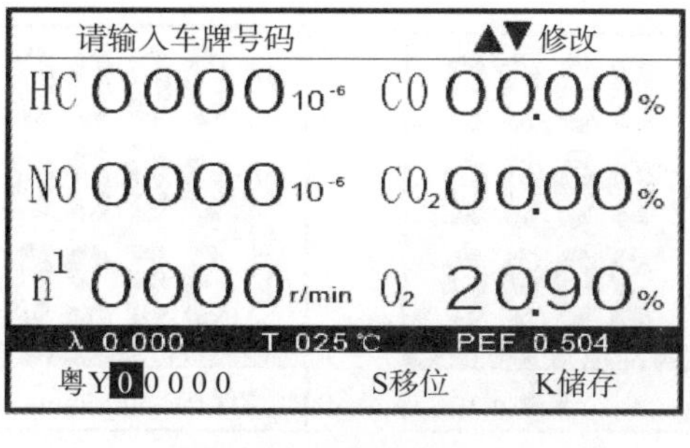

数据储存前输入车牌号码

车牌号码全部输入完毕后，按“K”键，将执行储存操作，并返回数据锁定界面，并在屏幕右上角提示“储存 OK”字样，2 s 后提示自动消失，表示储存成功。

d. 停止。如果要停止实时测量，应该先把取样探头从被测车辆的排气管中取出，然后在实时测量界面按压“K”键，或在数据锁定界面按压“S”键，都可以停止实时测量，关闭气泵并返回主菜单界面。

② 双怠速测量。

测量前，应做好安装转速和油温测量装置的准备工作。在主菜单下，按“▲”键或“▼”键翻至菜单“K 双怠速”出现，然后按压“K”键，仪器进入双怠速测量界面。

a. HC 残留物检查及发动机预热。

进入双怠速测量界面后，仪器首先开始 HC 残留物检查。显示屏上部将出现提示：“HC 残留检查……剩余××秒”（“××秒”表示剩余的残留检查时间，总共 30 s）。检查结束后，如合格，则显示：“HC 残留检查……OK”；如不合格，则显示：“HC 残留检查……失败”，并提示“请清洗管道 K 重检 S 退出”。

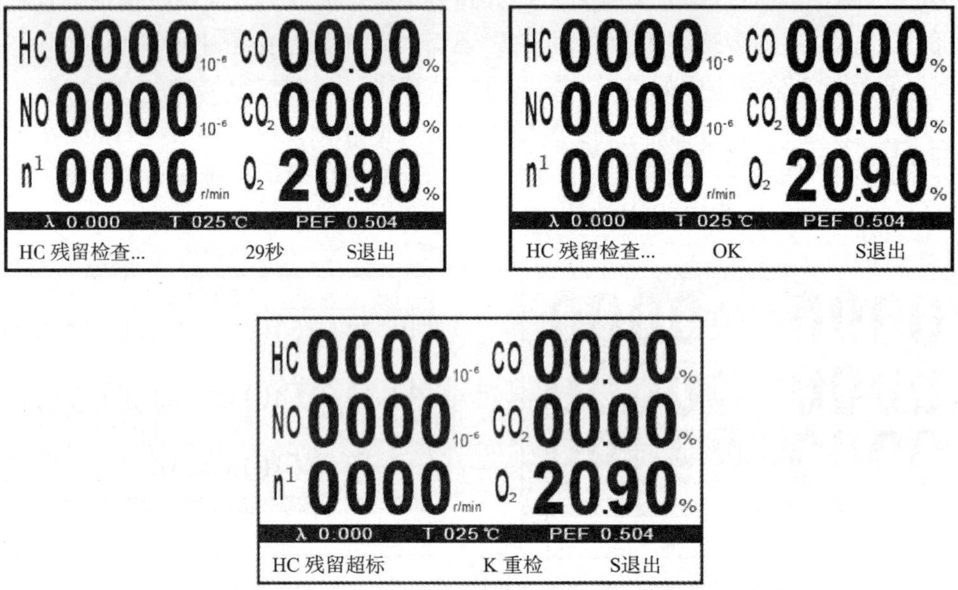

HC 残留检查

HC 残留物检查结束，则进入发动机预热提示：“请加速至 3 500 r/min”，屏幕下部提示“S 退出 ▲▼ n^1/n^2”，按“▲”键或“▼”键可即时改变发动机点火方式。

出现加速提示后，应使发动机加速，并注视显示屏上不断变化的转速值，直到 3 500 r/min 左右为止。当转速达到 3 500 r/min 时，显示屏上部将出现提示：“请保持 3 500 r/min，剩余××秒”（总共 30 s），完成后，将进入排放测量阶段。

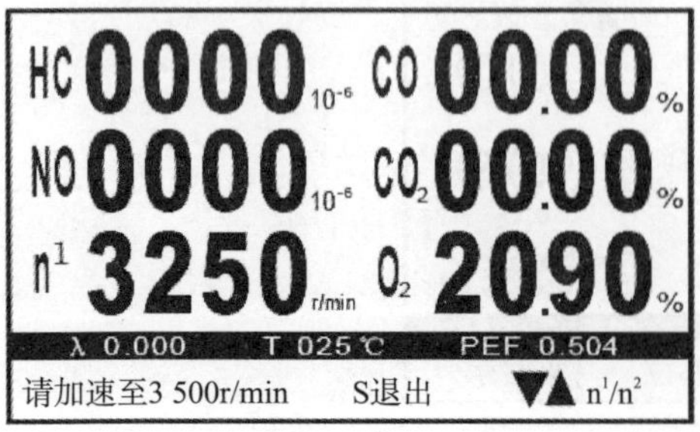

加速至 3 500 r/min

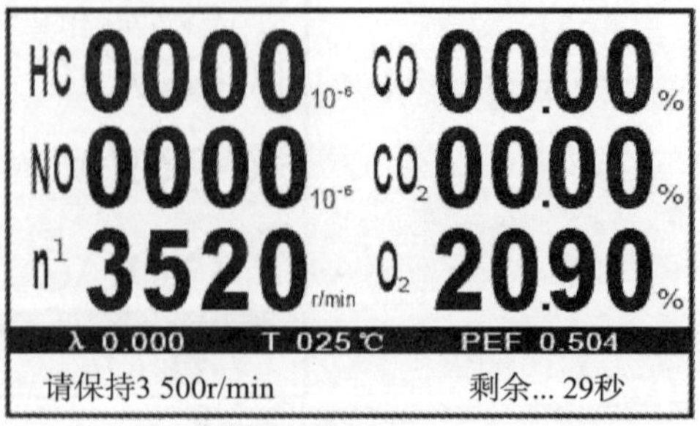

保持 3 500 r/min

b. 测量高怠速下的排放。

发动机预热结束后，分析仪将提示“请插入取样探头”，此时，操作人员要将取样探头插入排气管中，插入深度为 400 mm。数秒后，显示屏上部将出现提示：“请减速至 2 500 r/min”。出现此提示后，应将发动机减速，同时注视显示屏中部不断变化的转速值，直到转速降到 2 500 r/min 左右为止。

转速到达高怠速后，上部的提示将改变为：“请保持 2 500 r/min　剩余××秒”（总共 45 s），前 15 s 为预备阶段，后 30 s 为实际取样阶段，应按提示将转速保持在(2 500±100)r/min 的范围内。

请插入取样探头

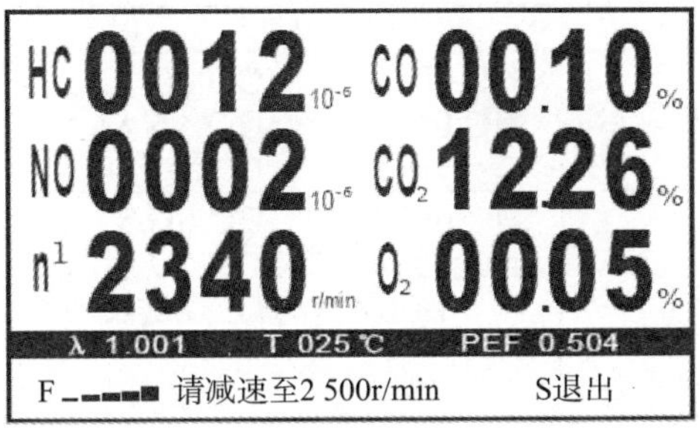

减速至高怠速

如果在后 30 s 期间，转速值超过(2 500±100)r/min 范围，显示屏上部“请保持”字样将会以闪烁警示。这时仪器将停止取样，直到转速回到(2 500±100)r/min 范围内仪器才继续取样。

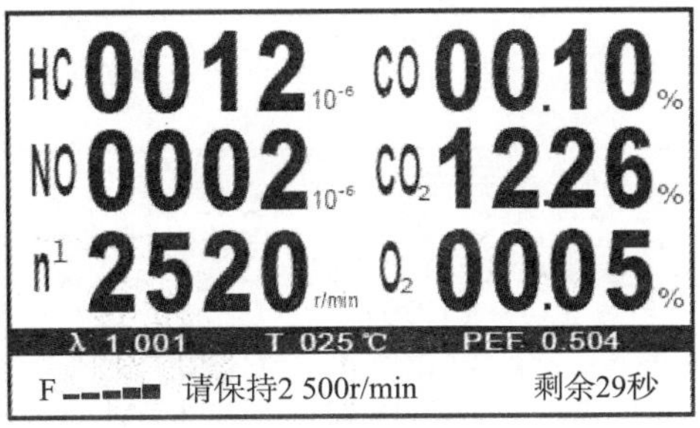

保持高怠速

c. 测量怠速下的排放。

高怠速倒计时结束后，显示屏上部将出现提示：“请减速至怠速”。这时，应松开加速踏板，使车辆减速。当转速下降到 1 500 r/min 以下时，显示屏上部的提示会改变为：“请保持怠速　剩余××秒”（总共 45 s），前 15 s 为预备阶段，后 30 s 为实际取样阶段。减速并保持怠速。

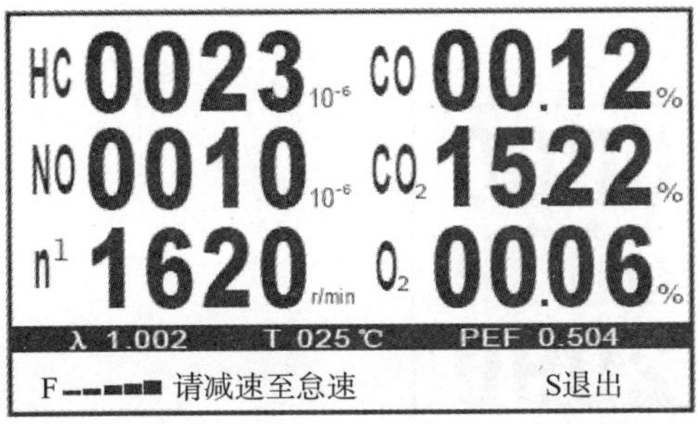

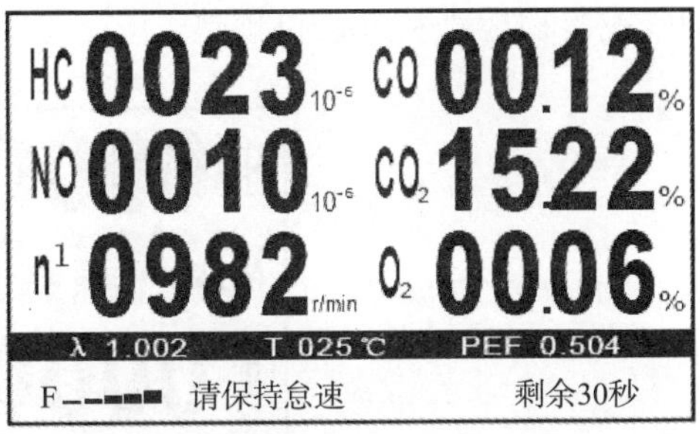

减速并保持怠速

d. 显示双怠速测量结果。

怠速倒计时结束后，应将取样探头从排气管内拔出，卸下转速和油温测量装置。仪器将自动转换为“双怠速测量结果”显示界面。屏幕上部为信息提示区，中部分成两大栏，分别列出高怠速和怠速的 HC、CO、CO_2、O_2、NO 和 λ 等各个测量数据，下部提示为“S 退出　K 储存　▼打印”。

如果要储存测量结果，可按下“K”键，进入车牌号码输入界面。车牌号码输入完成后，按“K”键执行储存操作。储存成功后返回双怠速测量结果界面，屏幕右上角显示“储存 OK”字样，2 s 后消失。

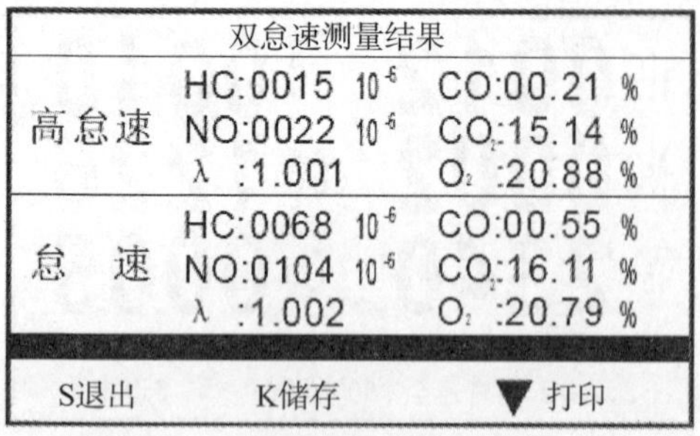

双怠速测量结果

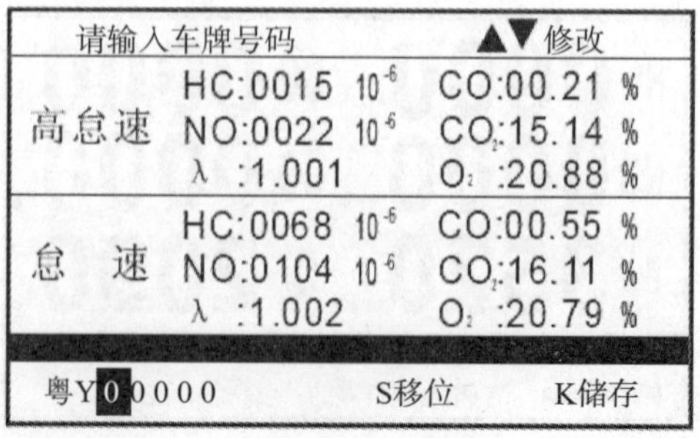

双怠速测量结果储存

如果要打印测量结果，可按下“▼”键，进入车牌号码输入界面。车牌号码输入完成后，按“K”键执行打印操作，打印后返回双怠速测量结果界面。

e. 结束双怠速测量。

在“双怠速测量结果”显示界面，按“S”键，分析仪返回主菜单界面。

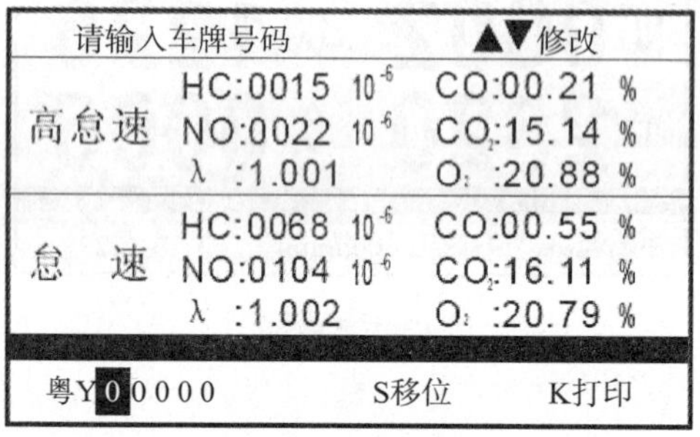

双怠速测量结果打印

③ 怠速测量。

测量前，应做好安装转速和油温测量装置的准备工作。在主菜单下，按“▲”键或“▼”键翻至菜单“S 怠速”出现，然后按压“S”键，仪器进入怠速测量界面。

a. HC 残留物检查及发动机预热。

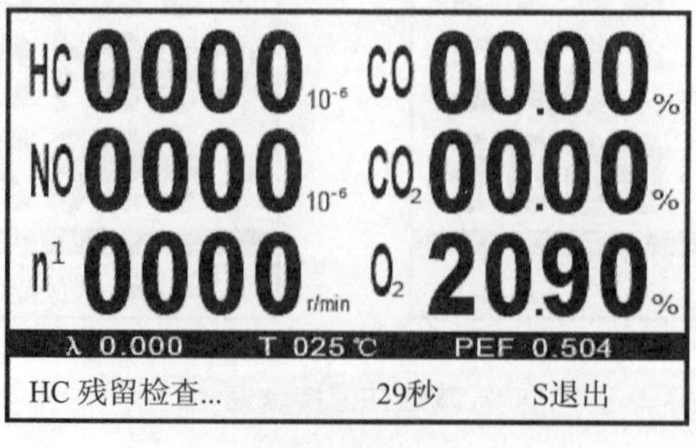

HC 残留检查

b. 测量怠速下的排放。

发动机预热结束后，分析仪将提示“请插入取样探头……”，此时，操作人员要将取样探头插入排气管中，插入深度为 400 mm。然后，显示屏上部将出现提示：“请减速至怠速”。这时，应松开加速踏板，使车辆减速。当转速下降到 1 500 r/min 以下时，显示屏上部的提示会改变为：“请保持怠速　剩余××秒”（总共 45 s），前 15 s 为预备阶段，后 30 s 为实际取样阶段。

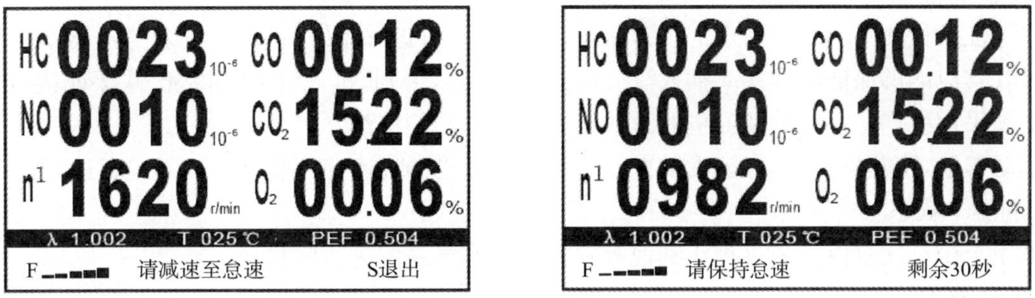

减速并保持怠速

c. 显示怠速测量结果。

怠速倒计时结束后，用户应将取样探头从排气管内拔出，卸下转速和油温测量装置。仪器将自动转换为“怠速测量结果”显示界面。屏幕上部为信息提示区，中部为 HC、CO、CO_2、O_2、NO、n、T 和 λ 等各个测量数据，下部提示为“S 退出　K 储存　▼打印”。

如果要储存测量结果，可按下“K”键，进入车牌号码输入界面，车牌号码输入完成后，按“K”键执行储存操作。储存成功后返回怠速测量结果界面，屏幕右上角显示“储存 OK”字样，2 s 后消失。

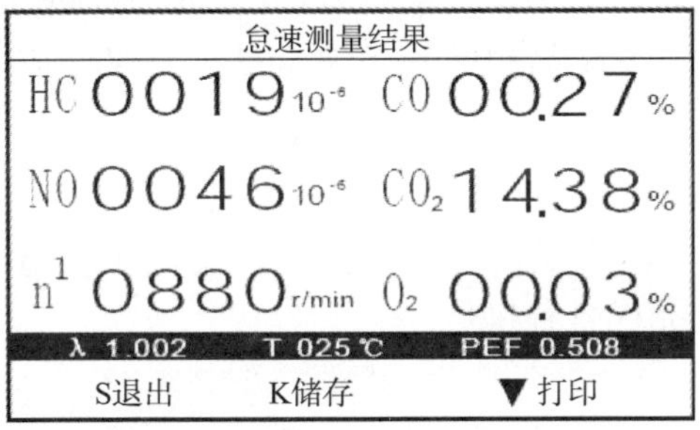

怠速测量结果

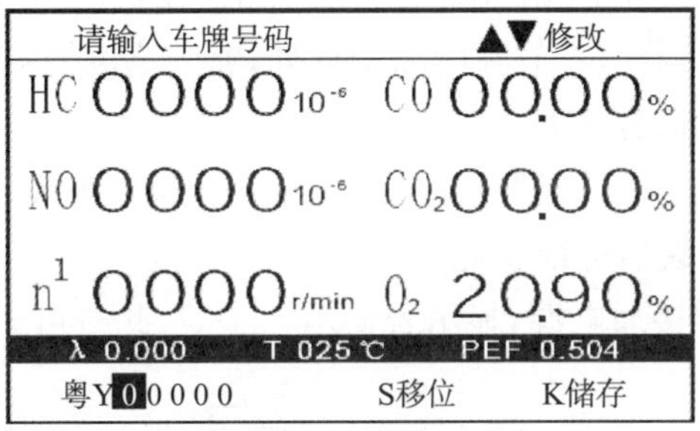

怠速测量结果储存

如果要打印测量结果，可按下“▼”键，进入车牌号码输入界面，车牌号码输入完成后，按“K”键执行打印操作，打印后返回怠速测量结果界面。

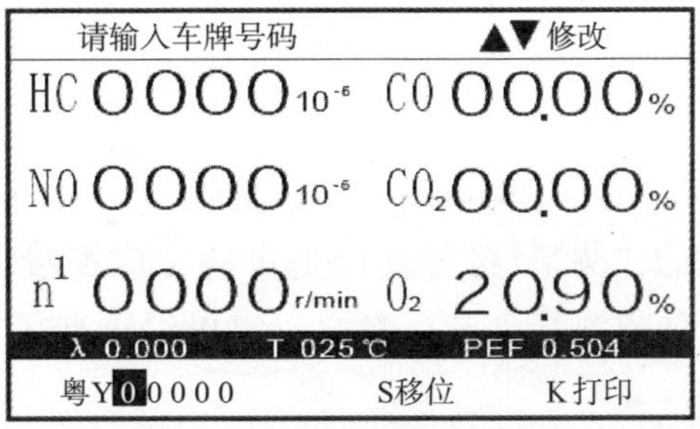

速测量结果打印

d. 结束怠速测量

在“怠速测量结果”显示界面，按“S”键，分析仪返回主菜单界面。

e. 检测完毕，把取样探头从排气管中抽出，在大气中吸入新鲜空气 5 min，然后关闭分析仪电源。

4. 柴油车排气烟度检测

1）检测前准备

(1) 车辆准备

① 应保证被检测车辆处于规定的正常状态，柴油发动机进气系统、排气系统及消声器不得有泄漏。

② 排气管应能够保证取样探头插入深度大于 300 mm，否则，排气管应加接管，并保证接口不漏气。

③ 必须采用生产厂规定的柴油机润滑油和未加消烟剂的柴油。

④ 起动车辆，预热发动机，保证发动机冷却液温度和机油温度应不低于 80℃，或者达到汽车使用说明书规定的热车状态。

⑤ 采用至少三次自由加速过程或其他等效方法对排气系统进行吹拂。

(2) 仪器准备

① 仪器开机后，预热一段时间，必要时，应进行校准检查。对于滤纸式烟度计可用烟度卡进行；对于不透光烟度计可用线性检查和滤光片检查。

a. 滤光片检查：将滤光片插入仪器检测单元的检查插口内，仪器显示相应读数，误差是否大于±2%不透光度。

b. 自动线性检查：仪器自动生成一个 50%满足量程的检查信号，并自动检查相应的输出是否符合要求。

② 不透光烟度计取样探头与测量单元要可靠连接，通电预热后，仪器自动校准，此时切勿将取样探头放入待测车辆排气管，而应放在清洁的空气中，仪器正常进入系统主菜单后，方可进行检测。

③ 仪器应安放在阴凉干燥处，避免高温及阳光直射。发生简单故障按要求处理。仪器应定期进行清洁、校准(标定)。

2）用滤纸式烟度计检测柴油车或柴油发动机排气烟度

(1) 仪器按键功能

仪器接通电源，显示表显示“0.00”，此时可通过键盘完成各种操作。

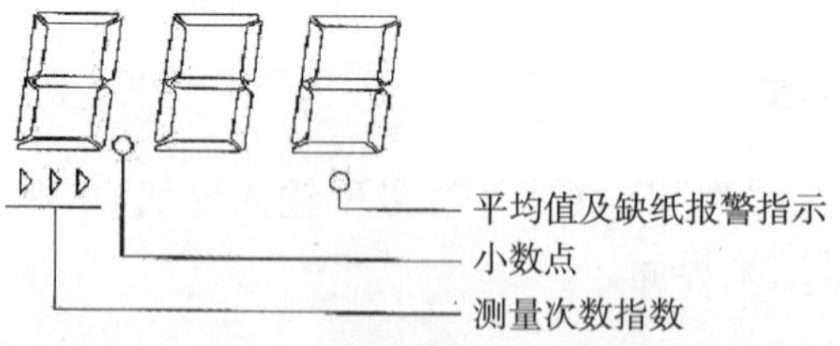

仪器显示

① 测量。

测量前烟度计通电预热 15 min。把取样管一端接烟度计的样气进气口，另一端插入柴油汽车或柴油发动机的排气管，按键盘上“测量”键烟度计则自动完成测量，并显示测量结果，当完成三次测量后计算平均值并显示。当对柴油汽车进行测量时也可通过挂接在加速踏板上的脚踏开关起动测量。

② 抽气。

当要测量烟度计的抽气量或进行抽气操作时，先把取样管一端接烟度计的样气进气口，然后按“抽气”键，烟度计进行抽气操作。抽气操作完成后烟度计处于等待复位状态，要按“复位”键使仪器重新进入待命状态。

③ 穿纸。

打开仪器箱盖（松开仪器两侧面螺钉，可将箱盖向上翻转打开）按“穿纸”键使压纸机构打开，把测试过滤纸穿好，再按“穿纸”键使压纸机构复位。

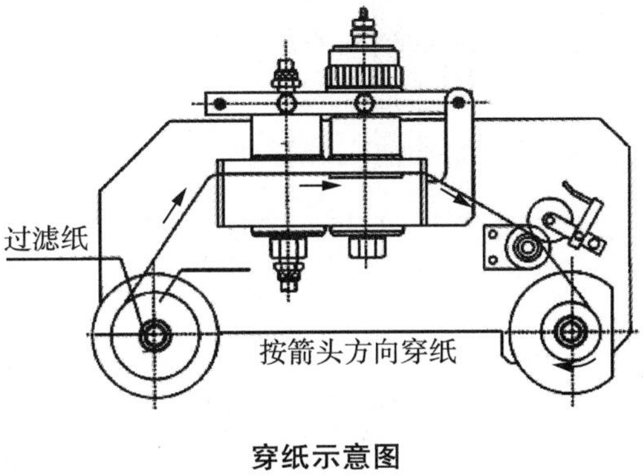

穿纸示意图

④ 走纸。

在待命状态下按下“走纸”键，仪器走过滤纸。

⑤ 复位。

在任何状态下按“复位”键，仪器马上复位回到待命状态。

⑥ 清洗。

为保证测量数据准确和防止管路堵塞，仪器应外接清洗系统。可用管道将压缩空气（压力0.05～0.1MPa）接至后面板上清洗接头即可。每次测量仪器将自动打开清洗系统清洗取样管及取样探头，不需手动操作清洗。若无外接清洗系统，则应每隔 1～2 d 将取样探头连同取样管拆下通压缩空气清洗。

⑦ 缺纸报警信号。

当测试过滤纸使用完毕时，面板红色信号灯（在数码管右下角）会发出闪动报警信号，此时应更换过滤纸。

(2) 检测操作步骤

① 仪器通电预热 15 min 以上。将仪器与各附件连接好（输出信号按需要由用户决定是否连接）。

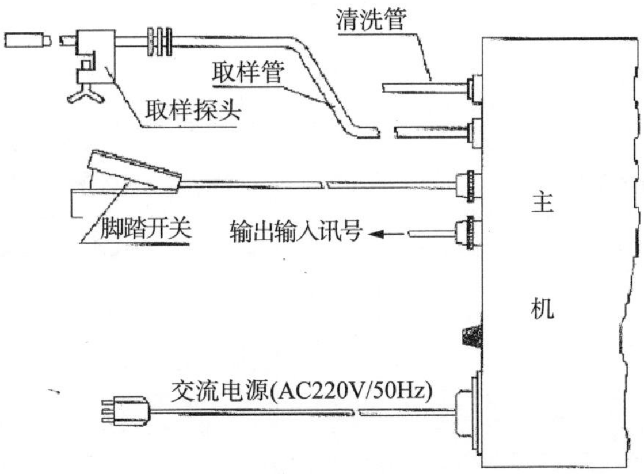

连接示意图

② 由怠速工况将加速踏板急速踩到底，维持 4 s 后松开，如此重复三次。

③ 将脚踏开关挂在加速踏板上。

④ 按“复位”键(如仪器已在复位状态，显示“0.00”或仪器经过三次测量并显示出测量数据平均值，则不需再按复位键)。

⑤ 由怠速工况将加速踏板(连同脚踏开关)急速踩到底，维持 4 s 后松开，稍后仪器将显示第 1 次测量数据。

⑥ 间隔 15 s 后，参照⑤所示方法，再进行第 2、第 3 次测量。

⑦ 3 次测量结束后，仪器将显示 3 次测量数据的平均值，作为测量结果。该结果将保持到下一次测量动作时，或按下“复位”键时为止。

(3) 用不透光烟度计检测柴油车或柴油发动机排气烟度

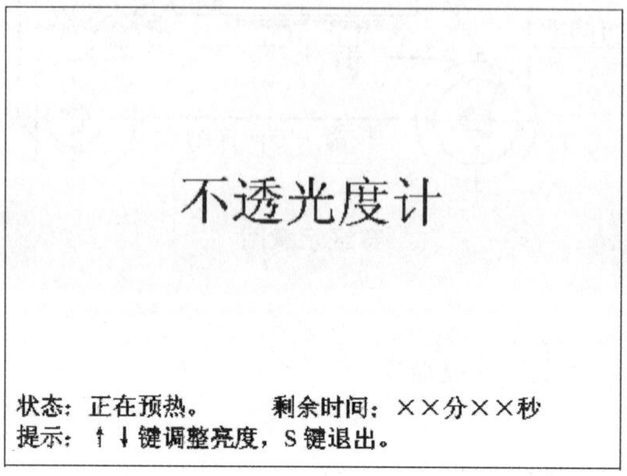

仪器预热

仪器安装完成后，可接通电源开关，显示仪器的型号、名称以及版本号，图形下部是状态提示区。仪器刚进入此界面时，显示：“正在检测，请稍等”，然后开始预热，提示转换为：“正在预热”，提示后面是以倒计时方式显示的“剩余预热时间”，预热时间为 15 min。仪器预热界面，在预热期间，可以使用↑↓键调整液晶显示屏的亮度。预热倒计时结束后，仪器将进行自动校准，并进入“主菜单”界面。

① 实时测试。

a. 仪器预热结束后，自动进入主菜单界面，此时可使用↑、↓键将光标移至“实时测试”菜单项前，按“K”键确认后，仪器将进入实时测试界面，可动态显示不透光度(*N*)、光吸收系数(*K*)、转速的瞬时值和最大值，以及油温的瞬时值、车牌号码。界面下部共设有五个菜单项，选用每一项功能时，先用“S”键将光标“↓”移至该项，然后按 K 键确认，便可执行该项功能。在该界面下可进行全负荷稳定转速试验和单次自由加速试验。

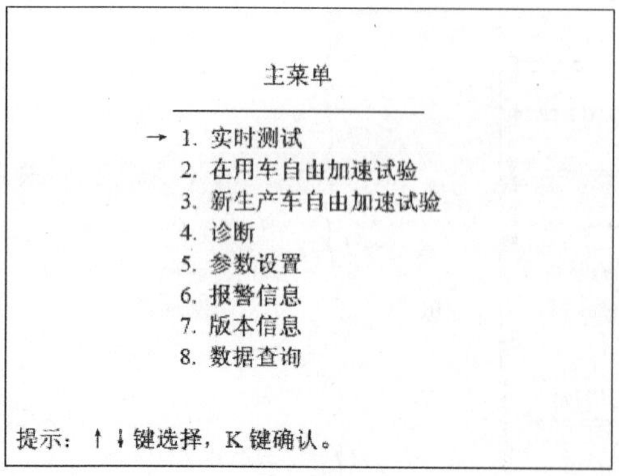

主菜单界面

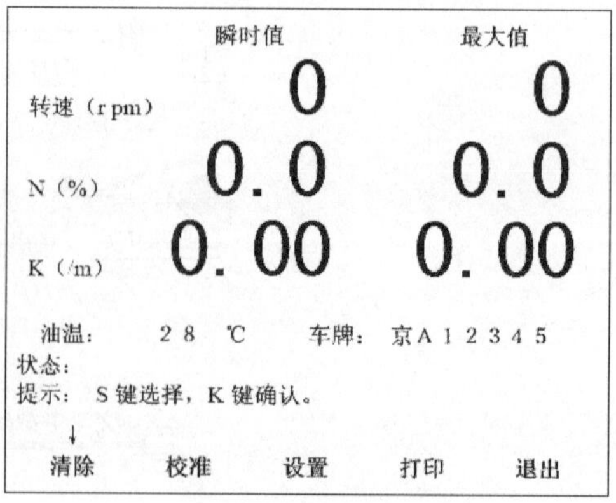

“实时测试”界面

b. 测量前，仪器自动校准一次。校准时须先将仪器的测量单元及取样探头放于清洁空气的环境下，以便仪器校准准确，然后选用“校准”项，仪器自动进行校准操作。当执行校准操作时，仪器在内部自动校准零位(0%)及满量程位(99.9%)，校准过程约需 1 s。校准零位时，即校准仪器在全透光状态下的数值，校准满量程位时，即校准仪器在全遮蔽(即不透光)状态下的数值。

c. 校准完毕，将测量单元放于汽车排气管附近。由于测量单元在进行测量时，须吸入干净空气作为保护气幕，若吸入废气，则会影响测量结果。因此测量单元不应放置在废气扩散的方向上，应与之保持直角。

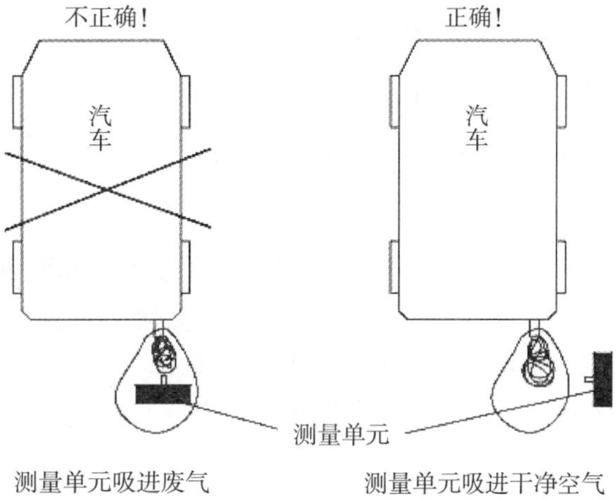

测量单元放置方式

d. 在将取样管插入车辆排气管前，应先将车辆加速踏板连续踩下 2～3 次，使发动机内的炭烟全部排出，以便测量准确。应注意任何时候，不应使取样探头的管口被排气管内的弯曲处阻挡，以免影响测量结果，应保证取样探头插入方向与排气方向相一致。

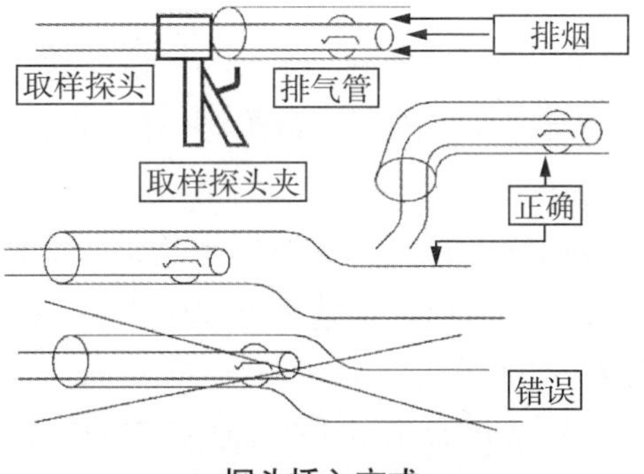

探头插入方式

e. 对车辆进行全负荷稳定转速试验或单次自由加速试验。测量完成，将取样探头从车辆的排气管中取出，将测量单元放回清洁处，选“退出”项返回主菜单。

② 自由加速试验

a. 在主菜单选择“在用车自由加速试验”，按“K”键确认后，仪器将进入在用车自由加速试验界面，屏幕左边显示试验结果，右边显示瞬时值数据和测量次数，可动态观察仪器的测量状态，中下部显示车牌号码。界面下部共设有五个菜单项，选用每一项功能时，先用“S”键将光标“↓”移至该项，然后按“K”键确认，便可执行该项功能。

b. 选用“测量”项开始测试，屏幕将提示“请将探头放于清洁处，准备校准”，完成操作后按“K”键确

```
K 测量值（/m）：              瞬时值：
    1）    0.00              转速          0   r
    2）    0.00              N           0.0   %
    3）    0.00              K          0.00   /m
  平均值   0.00              油温          28   ℃

  怠速值：      0 r          测量次数：     0

                 车牌：   京A12345
状态：
提示：S 键选择，K 键确认。
   ↓
  测量       设置       保存       打印       退出
```

“在用车自由加速试验”界面

认，仪器将提示“正在校准，请稍等”。

c. 校准完成后，仪器将提示“校准完成，请插入探头，并保持怠速”，此时先将车辆加速踏板连续踩下至少 3 次，使发动机内的炭烟全部排出，以便测量准确。然后将测量单元放于汽车排气管附近，将取样探头插入汽车的排气管，应保证取样探头插入方向与排气方向相一致。然后使汽车发动机转速保持在怠速状态，并按 K 键确认，仪器此时将检测车辆的怠速转速，并将此怠速显示在“怠速值”一栏中。

d. 怠速检测完成后，仪器提示“请加速”，开始进行自由加速试验。迅速踩下车辆的加速踏板，使发动机急剧加速至最高额定转速，并保持该转速，直至屏幕提示出现“请减至怠速，并保持”，然后立即松开加速踏板，使发动机恢复至怠速状态。在踩下加速踏板后，发动机的排烟将会急剧增加，仪器提示“请加速”，时间为 5 s，提示“请减至怠速，并保持”，时间为 10 s，超过 15 s 后，仪器将自动停止采样，转入数据处理程序，从采样数据中找出最大值，作为本次的测量结果，并将它显示在屏幕的左边区域。

e. 一次测试结束后会自动转入下一次测试，仪器将显示“请加速”，重新开始另一次自由加速试验，此时可重复上一步操作，仪器只保存连续 3 次的测量数据，并在每次测试完成后立即显示本次的光吸收系数峰值。

f. 自由加速试验应重复 3 次，并将这 3 次峰值的算术平均值作为测量结果。连续试验 3 次，试验完成后，屏幕中的“平均值”一栏就会有数据出现。在试验过程中可按“↓”键中止试验过程。

g. 试验结束后，可选用“打印”项打印 3 次试验的峰值及其平均值、怠速值。选用“保存”项将试验结果、车牌号码和日期时间保存到仪器内部的存储器中，以备查询时使用或以后传送至外部计算机。

h. 测量完成，将取样探头从车辆的排气管中取出，将测量单元放回清洁处。选用“退出”项，返回主菜单。

二、工作页

实训车辆：车型________________、排量________________、燃油类别________________

检测仪器：名称________________、型号________________

1. 写出汽油车排气污染物双怠速检测的主要操作步骤及注意事项。

序号	操作步骤	注意事项
1		
2		
3		
4		
5		

2. 写出柴油车排气烟度检测的主要操作步骤及注意事项。

序号	操作步骤	注意事项
1		
2		
3		
4		
5		
6		
7		

3. 汽油车排气污染物检测结果记录与分析。

排气污染物	$HC/10^{-6}$		CO	
	怠速	高怠速	怠速	高怠速
标准值(GB18285—2005)			%	%
检测值			%	%
是否合格	是　否	是　否	是　否	是　否
超标原因分析				

4. 柴油车自由加速排气烟度检测结果记录与分析。

排气污染物		传统柴油车	电控柴油车
标准值(GB3847—2005)	烟度值/Rb		
	排气光吸收系数/m^{-1}		
检测结果	烟度值/Rb		
	排气光吸收系数/m^{-1}		
是否合格		是 否	是 否
超标原因分析			

三、复习思考题

1. 如果汽油发动机的 HC 和 CO 都超标，故障原因是什么？

2. 四气体分析仪与二气体分析仪相比，增加了 CO_2 和 O_2 两个数据的检测，其作用是什么？

3. 为什么柴油车排气污染物检测，只检测排气烟度，不检测 HC 和 CO？

实训八　汽车前照灯检测

姓名：＿＿＿＿＿＿　　班级：＿＿＿＿＿＿　　日期：＿＿＿＿＿＿

一、实训指导

（一）实训目标

1. 了解前照灯检测仪的工作原理、结构及特点；
2. 掌握前照灯检测仪的使用方法；
3. 掌握检验汽车前照灯发光强度和光轴偏斜量的操作步骤；
4. 熟悉有关的检测参数和国家标准；
5. 掌握前照灯主光束偏斜量的调整方法。

（二）安全要求及注意事项

1. 前照灯检测仪的底座一定要保持水平；
2. 前照灯检测仪不要受外来光线的影响；
3. 被检车辆应空载，驾驶室内乘坐一人，轮胎应全部充足气，前照灯配光镜玻璃上的灰尘应清除干净；
4. 被检车的前照灯表面中心到仪器的镜面的距离应为 1 m，可利用仪器光接收箱下部的钢卷尺进行测定；
5. 汽车有四只前照灯时，一定要把辅助前照灯遮住后再进行检测；
6. 仪器不用时，使用罩子把受光器盖好。

（三）设备/工具/耗材要求

设备：乘用车 1 辆。

工具：常用工具 1 套，前照灯检测仪 1 台。

耗材：无。

（四）实训操作指导

1. 前照灯检测仪

（1）前照灯检测仪主要用于检测和调整汽车前照灯的发光强度和光轴偏移量。仪器采用高性能单片机为核心，配以高亮度数码管制作的显示界面，可迅速地指示出被检测前照灯的光轴偏移量、偏移方向、发光强度和灯高信息。

(2) 仪器主体由车架和受光箱两部分构成。受光箱用以接收被检前照灯的光束并进行检测。受光箱安装在车架上，可沿立柱由电动机驱作上下移动，并可在地面左右移动。

汽车前照灯检测仪

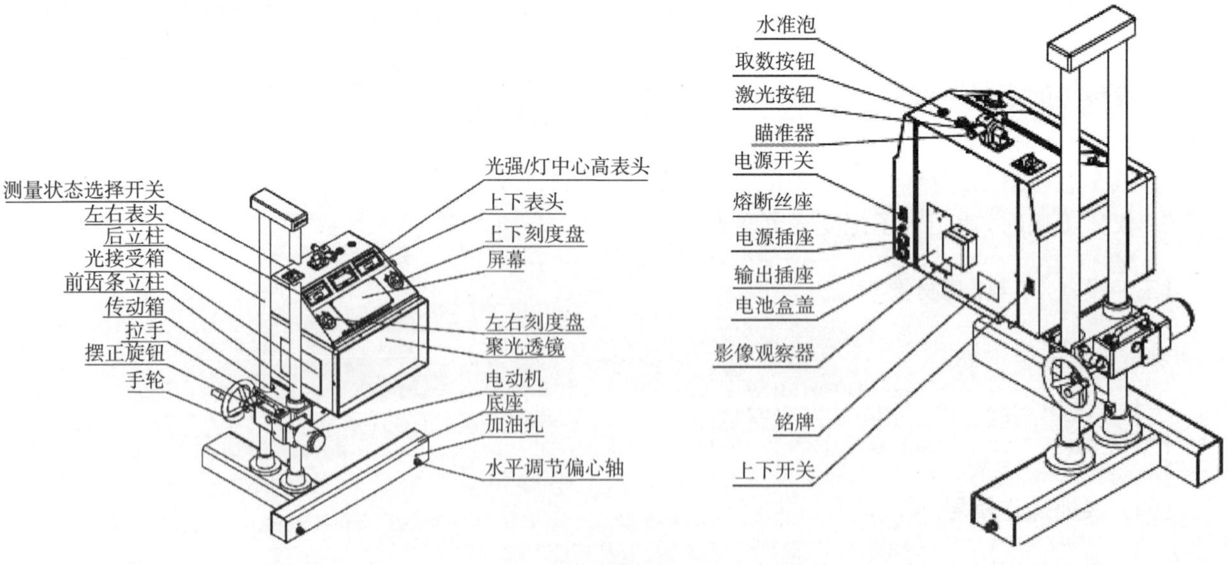

前照灯检测仪组成图

(3) 检测仪的主操作面板和显示面板。

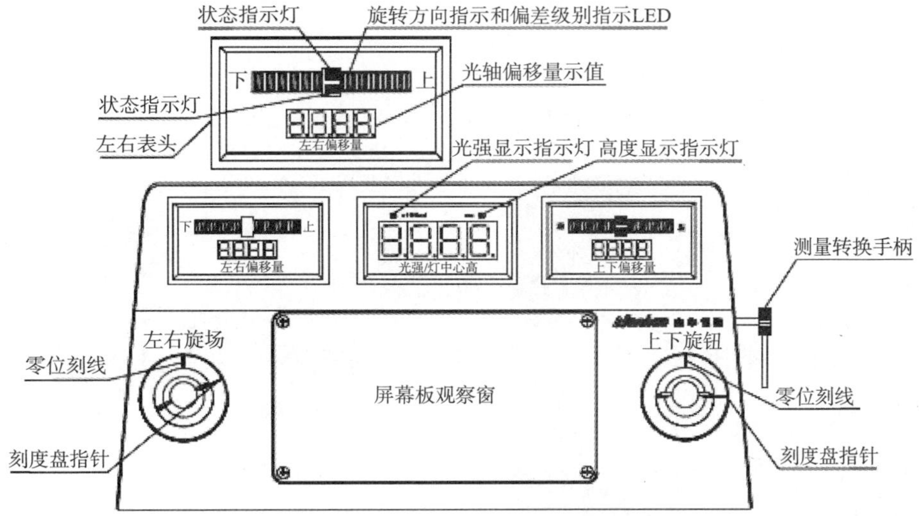

前照灯检测仪主操作面板和显示面板

2. 用前照灯检测仪检测汽车前照灯性能

1）检测前的准备

（1）前照灯检测仪的准备

① 在前照灯检测仪不受光的情况下，调整光度计和光轴偏斜量指示计是否对准机械零点。若失准，可用零点调整螺钉调整。

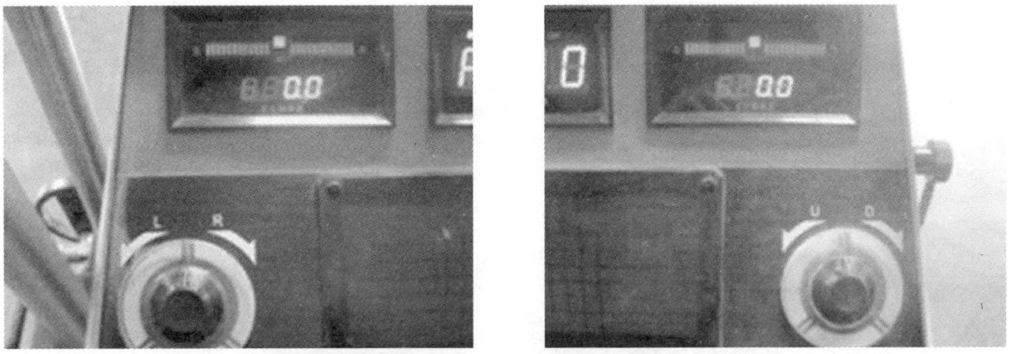

调整光度计和光轴偏斜量指示计

② 检查聚光透镜和反射镜的镜面上有无污物。若有，可用柔软布料或镜头纸擦拭干净。

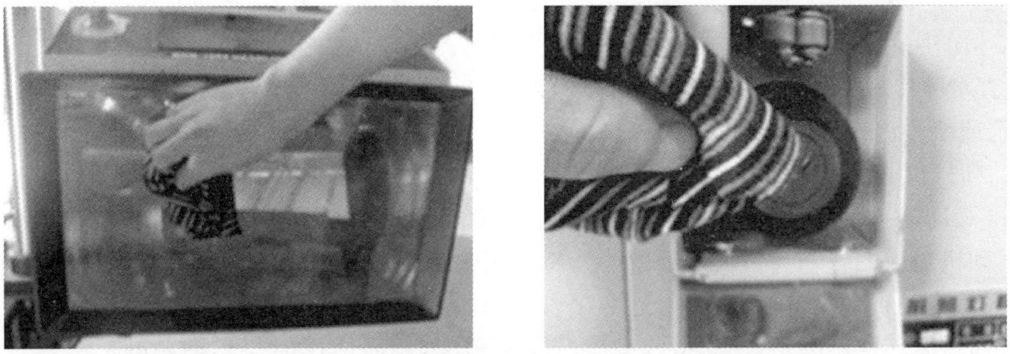

擦拭聚光透镜和反射镜镜面

③ 检查导轨是否沾有泥土等杂物。若有，应扫除干净。

(2) 被检车辆的准备

① 被检车辆应空载，驾驶室内乘坐一人，轮胎气压应充气至规定值。用轮胎气压表检查轮胎气压。

② 清除前照灯上的污垢，用柔软布料擦拭前照灯。

检查轮胎气压

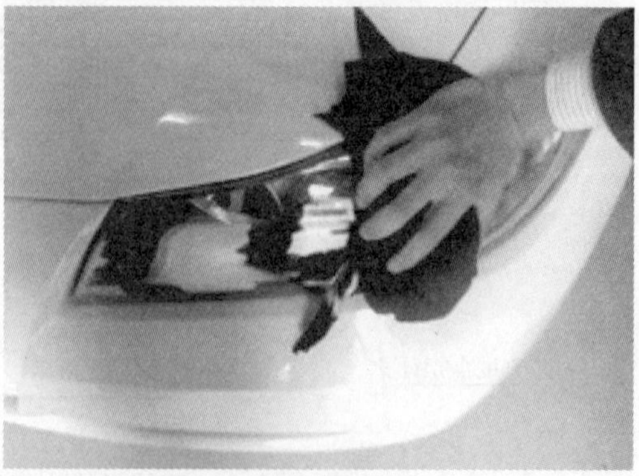
擦拭前照灯

③ 前照灯开关和变光器应处于正常状态。

④ 汽车蓄电池和充电系统应处于良好状态。

⑤ 测量前汽车必须停在平整的场地上。

2) 检测操作步骤

(1) 测量前照灯与检测仪之间的距离

将前照灯检测仪正对汽车前照灯，并将检测仪上的钢皮尺拉出，测量与前照灯的距离为 1 m。

测量前照灯与检测仪的距离

(2) 被检前照灯的对准和灯高测量

① 检查水准器的技术状况。若水准器无气泡，应进行修理或更换。若气泡不在红线框内时，可用水准器调节器或垫片进行调整。

② 检测时，仪器的光接收箱镜面应与被检车辆的纵向中心线垂直(称之为对准)。装于光接收箱顶部的对准瞄准器就是用于作此检查的。在被检车辆的纵向中心线(或其平行线)上选定前后两个参考点(如发动机盖板的中线与窗玻璃的中线)，将光接收箱顶部的红色激光开关打开，对准瞄准器激光点亮。观察激光光束，能否分别落在上述两个参考点上，若能则说明车辆已对准。否则，应重新停放车辆，或者通过旋转摆正旋钮，使光接收箱旋转一定角度，从而使仪器与车辆对准。车辆对准后关闭激光器开关。

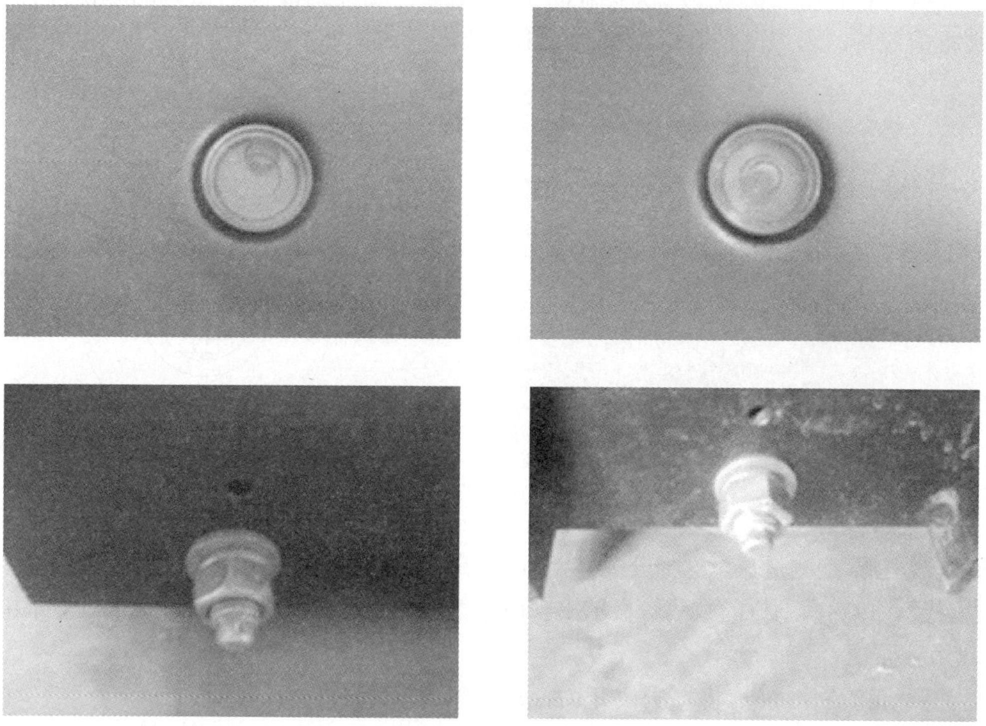

检查并调整水准器

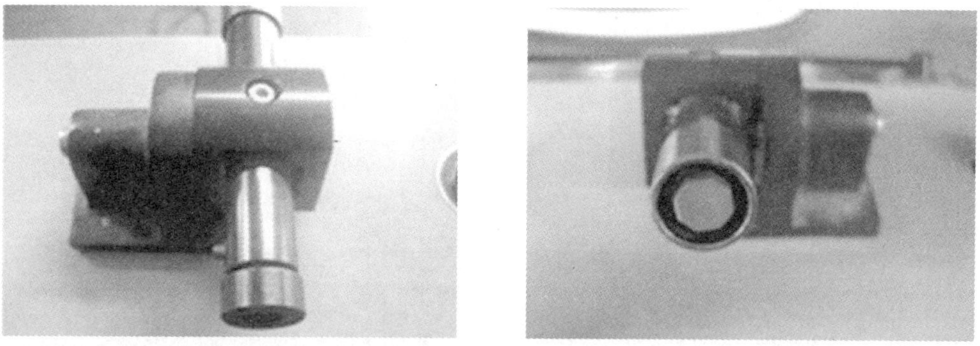

检测仪对准装置

③ 将汽车挂入空挡，拉好驻车制动器，起动汽车，打开前照灯远光灯，调节检测仪的上下高度，使灯光照射在仪器光接收箱的镜面上。

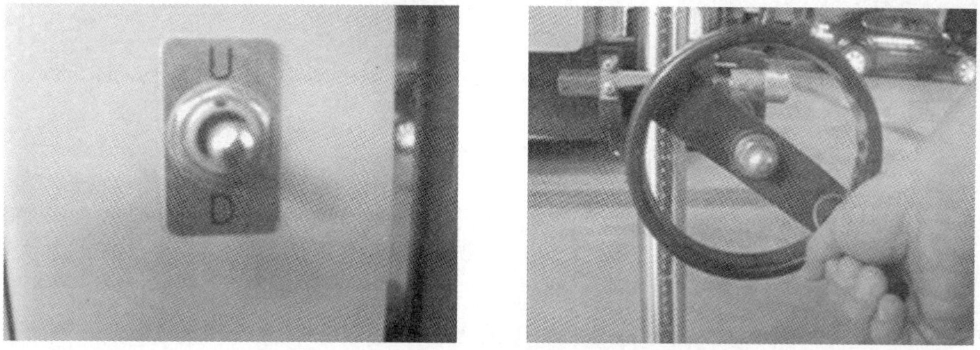

调整检测仪光接收箱高度

④ 打开仪器后盖上影像观察器的镜盒盖，从反射镜上可观察到被检前照灯的影像。移动光接收箱的位置，使被检前照灯的影像落在影像观察器的正中央。

影像观察器

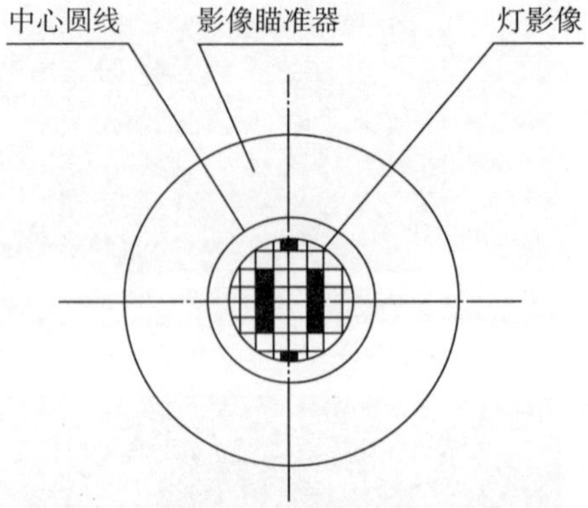

前照灯影像示意图

⑤ 接通仪器电源，把测量状态选择开关转至“远光高度”或“近光高度”位置，则“光强/灯中心高表头”上绿色的高度指示灯点亮，下方的数码管显示出当前车灯的中心高，显示格式×××.×，显示单位为 cm。

(3) 远光检测

① 插上前照灯检测仪电源，将检测仪开关打到“ON”挡。

② 把检测仪测量状态选择开关转至“远光光强”位置，此时“光强/灯中心高表头”指示出发光强度的大小(当光强小于 1 000 cd 时表头第一位将出现“F”，表明仪器处在待命状态)，且对应的单位指示灯点亮。

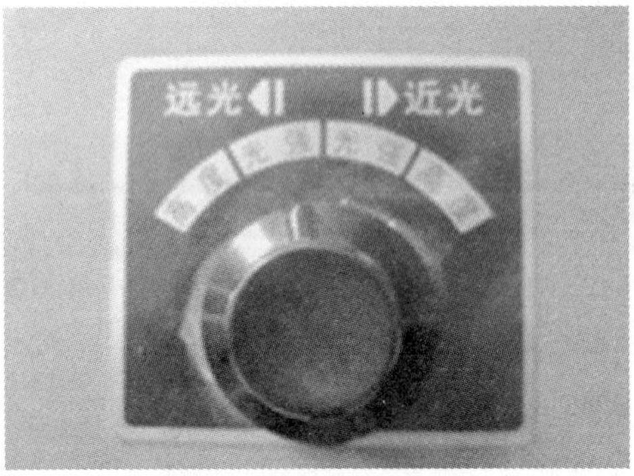

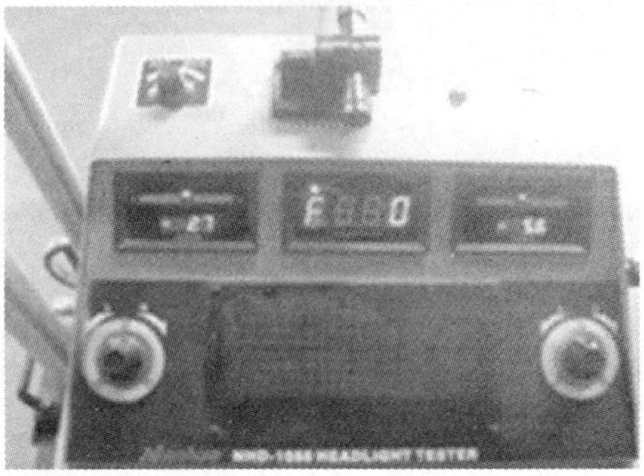

测量状态选择及显示

③ 将光接收箱右侧的“测量转换手柄”打到“测量”位置。

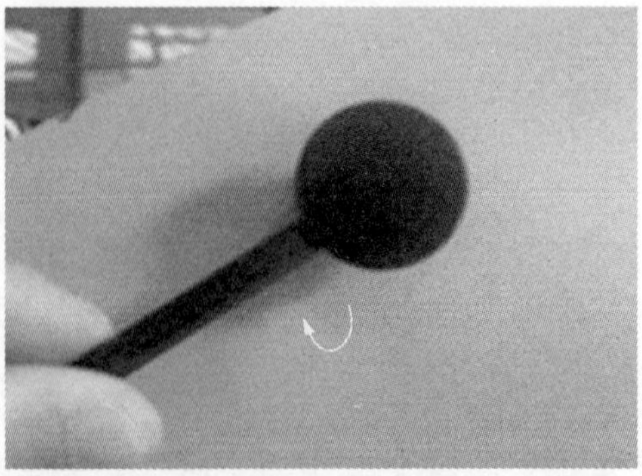

拨动测量转换手柄

④ 观察屏幕上被检前照灯光束投射而成的光斑，转动面板上的光轴刻度盘旋钮（左右及上下），使光斑向屏幕中心移动，当光强表头上“F”消失后，即可观察左右指示表及上下指示表的偏移方向指示，朝着偏差级别显示 LED 有多段红色点亮的方向转动光轴刻度盘旋钮，边观察，边旋转；随着光轴的逐渐对准，偏差级别显示 LED 点亮的红色字段逐渐减少（向中间收缩）；当光轴对准后（左右及上下），左右指示表、上下指示表的绿色状态指示灯都点亮，红色状态指示灯和偏差级别显示 LED 熄灭。此时左右及上下表头下半部分的数码管所指示的读数就是被检前照灯的光轴偏移量。

光轴刻度盘旋钮及指示表

（4）近光检测

① 接通仪器电源，把测量状态选择开关转至“近光光强”位置。此时“光强/灯中心高表头”指示出发光强度大小，且对应的单位指示灯点亮。将光轴刻度盘旋钮（左右及上下）均置于 0°，将光接收右侧的“测量转换手柄”打到“近光调整”位置。开亮前照灯并转换至“近光”，在屏幕上即呈现出被检前照灯的近光配光特性。

② 前照灯近光配光特性的观察。

在完成被检前照灯的对准和灯高测量操作后，把仪器光轴刻度盘旋钮（左右及上下）均置于 0°，开亮前照灯并转换至“近光”，在屏幕上即呈现出被检前照灯的近光配光特性。

③ 通过手动测量的方式，进行近光检测和调整。

判定时，可通过旋转仪器上下刻度旋钮，使明暗截止线的水平部分与屏幕上的垂直方向 0°线重合，此时上下刻度盘旋钮所指示的数值就是明暗截止线水平部分在垂直方向的偏移量。通过旋转仪器左右刻度盘旋钮，使明暗截止线的拐点与屏幕上的水平方向 0°线重合，此时左右刻度盘旋钮所指示的数值就是明暗截止线拐点在水平方向的偏移量。将光接收右侧的“测量转换手柄”打到“测量”位置此时可检测

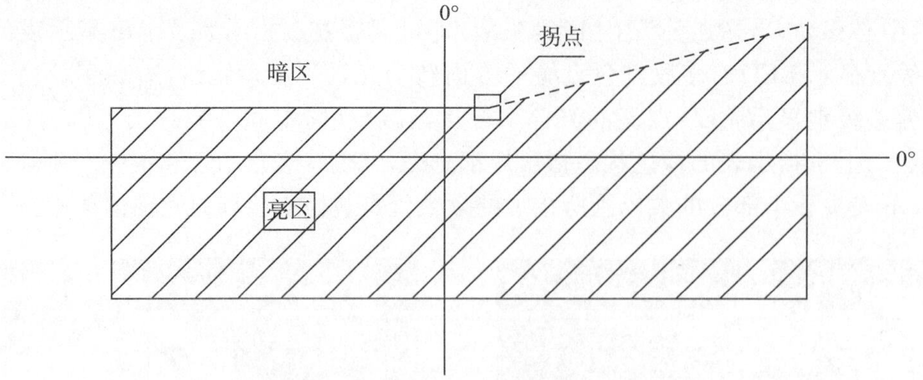

配光特性

近光特征点(50L)光强值。

(5) 前照灯照射方向的调整

在对需要进行调整的前照灯照射方向进行调整时，可打开发动机盖，边观察左右指示表、上下指示表的指示状态，边调整被检测前照灯的两个调节螺栓，当检测仪左右指示表、上下指示表的绿色状态指示灯都点亮时，即完成前照灯照射方向的调整。

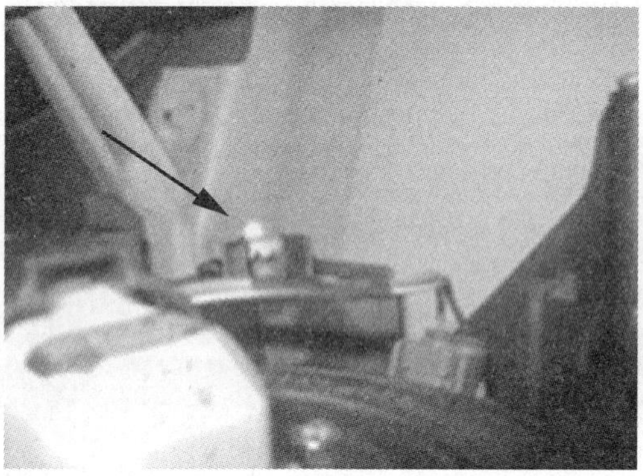

前照灯照射方向的调整

3. 检测标准及要求

依据《机动车运行安全技术条件》(GB7258—2004)，使用前照灯检测仪检测前照灯性能应符合下列要求：

1) 汽车每只前照灯的远光光束发光强度

最高设计车速小于 70 km/h 的汽车：二灯制≥8 000 cd，四灯制≥6 000 cd。

其他汽车：二灯制≥15 000 cd，四灯制≥12 000 cd。

2) 前照灯光束照射位置

近光光束明暗截止线转角或中点的高度：乘用车为 $0.7H$～$0.9H$(H 为前照灯基准中心高度)；其他机动车为 $0.6H$～$0.8H$。其水平方向位置向左偏不允许超过 170 mm，向右偏不允许超过 350 mm。

远光光束及远光单光束灯，光束中心离地高度：乘用车为 $0.9H$～$1.0H$，其他机动车为 $0.8H$～$0.95H$。水平位置要求左灯向左偏不允许超过 170 mm，向右偏不允许超过 350 mm；右灯向左或向右偏均不允许超过 350 mm。

二、工作页

实训车辆：车型________________、排量________________、燃油类别________________

检测设备：名称________________、型号________________

1. 写出前照灯检测的主要操作步骤和注意事项。

序号	操作步骤	注意事项
1		
2		
3		
4		
5		
6		

2. 检测结果记录。

检测项目	发光强度/cd	上/下偏/H/10 m	左/右偏/(cm/10 m)	评价
左灯		近光：________　远光：________	近光：________　远光：________	
右灯		近光：________　远光：________	近光：________　远光：________	

3. 检测结果分析。

三、复习思考题

1. 前照灯检测的目的是什么？

2. 前照灯检测的要求是什么?

3. 对汽车前照灯检测前,对被检车辆应做哪些准备工作?

4. 若左右前照灯发光强度均偏低,应如何检修?

5. 若前照灯光束照射位置偏斜,应如何检修?

附录一 《营运车辆综合性能要求和检验方法》(GB18565－2001)(摘录)

1 范围

本标准规定了营运车辆的动力性、燃料经济性、制动性、转向操纵性、照明和信号装置及其他电气设备、排放与噪声控制、密封性、整车装备的基本技术要求和检验方法。

本标准适用于营运车辆,非营运车辆可参照执行。

2 引用标准 (略)

3 定义

本标准采用下列定义。

3.1 营运车辆 commercial vehicle

从事道路客货运输的经营性车辆。

4 动力性

4.1 发动机性能

4.1.1 发动机应动力性能良好,运转平稳,怠速稳定。

4.1.2 发动机应有良好的起动性能,应能由驾驶人在驾驶座位上起动,当车辆置于:汽油发动机在不低于－5℃,柴油发动机在不低于5℃条件下,用起动机起动时,应在三次起动中至少有一次可在5s内起动,在做重复起动试验时,每次间隔2 min。

4.1.3 发动机各气缸压缩压力应不小于原设计规定值的85%;每缸压力与各缸平均压力的差:汽油发动机应不大于8%,柴油发动机应不大于10%。

4.1.4 发动机点火、燃料供给、润滑、冷却和排气等系统的机件应齐全,性能良好。

4.1.5 柴油机的停机装置必须灵活有效。

4.2 整车动力性

4.2.1 按GB/T18276的规定,整车动力性可用底盘测功机检测汽车驱动轮输出功率来评价。

4.2.2 驱动轮输出功率检测工况采用汽车发动机额定扭矩和额定功率时的工况,即发动机全负荷与额定扭矩转速和额定功率转速所对应的直接挡(无直接挡时,指传动比最接近于1的挡)车速构成的工况。

4.2.3 在4.2.2的检测工况下,采用校正驱动轮输出功率与相应的发动机输出总功率的百分比作为驱动轮输出功率的限值

$$\eta_{vM} = P_{vMo}/P_M \tag{1}$$

$$\eta_{vp} = P_{vpo}/P_e \tag{2}$$

式中 η_{vM}——汽车在额定扭矩工况下的校正驱动轮输出功率与额定扭矩功率的百分比,%;

η_{vp}——汽车在额定功率工况下的校正驱动轮输出功率与额定功率的百分比,%;

P_{vMo}——汽车在额定扭矩工况下的校正驱动轮输出功率,kW;

P_{vpo}——汽车在额定功率工况下的校正驱动轮输出功率，kW；

P_M——发动机在额定扭矩工况下的输出功率，kW；

P_e——发动机的输出功率，kW。

国产营运车辆的校正驱动轮输出功率的输出限值列于表1，其他车辆可参照执行。

表1　　汽车驱动轮输出功率的限值

汽车类型	汽车型号		额定扭矩工况		额定功率工况	
			直接挡检测车速 v_m/(km/h)	校正驱动轮输出功率/额定扭矩功率的限值 η_{Ma}	直接挡检测车速 v_p/(km/h)	校正驱动轮输出功率/额定扭矩功率的限值 η_{Ma}
载货汽车	1010、1020系列	汽油车	60	50%	90	40%
	1030、1040系列	汽油车	60	50%	90	40%
		柴油车	55	50%	90	45%
	1050、1060系列	汽油车	60	50%	90	40%
		柴油车	50	50%	80	45%
	1070、1080系列	柴油车	50	50%	80	45%
	1090系列	汽油车	40	50%	80	45%
		柴油车	55	50%	80	45%
	1100、1110系列 1120、1130系列	柴油车	50	45%	80	40%
	1140、1150、1160系列	柴油车	50	50%	80	40%
	1170、1190系列	柴油车	55	50%	80	40%
半挂列车[①]	10t半挂列车系列	汽油车	40	50%	80	45%
		柴油车	50	50%	80	45%
	15t、20t半挂列车系列	柴油车	45	45%	70	40%
	25t半挂列车系列	柴油车	45	50%	75	40%
客车	6600系列	汽油车	60	45%	85	35%
		柴油车	45	50%	75	40%
	6700系列	汽油车	50	40%	80	35%
		柴油车	55	45%	75	35%
	6800系列	汽油车	40	40%	85	35%
		柴油车	45	45%	75	35%
	6900系列	汽油车	40	40%	80	40%
		柴油车	60	45%	85	45%
	6100系列	汽油车	40	50%	85	35%
		柴油车	40	40%	85	35%
	6110系列	汽油车	60	45%	85	35%
		柴油车	55	50%	80	35%
	6120系列	柴油车	60	40%	90	35%

(续表)

汽车类型	汽车型号	额定扭矩工况		额定功率工况	
		直接挡检测车速 v_m/(km/h)	校正驱动轮输出功率/额定扭矩功率的限值 η_{Ma}	直接挡检测车速 v_p/(km/h)	校正驱动轮输出功率/额定扭矩功率的限值 η_{Ma}
乘用车	夏利、富康	95/65②	(40/35②)%	—	—
	桑塔纳	95/65③	(45/40③)%	—	—

注:①5010—5040 系列厢式货车和罐式货车驱动轮输出功率的允许值按同系列普通货车的允许值下调 2%;其他系列厢式货车和罐式货车驱动轮输出功率的允许值按同系列普通货车的允许值下调 4%;

② 半挂列车是按载质量分类;

③ 为汽车变速挡使用 3 挡时的参数值。

4.2.4 动力性合格的条件

$$\eta_{vM} \geqslant \eta_{Ma} \tag{3}$$

或

$$\eta_{vp} \geqslant \eta_{pa} \tag{4}$$

式中 η_{Ma}——汽车在额定扭矩工况下的校正驱动轮输出功率与额定扭矩功率的百分比的允许值,%;

η_{pa}——汽车在额定功率工况下的校正驱动轮输出功率与额定功率的百分比的允许值,%。

4.2.5 乘用车的动力性按额定扭矩工况进行检测和评价,其他车辆应按 4.2.4 规定的两种合格条件中任选一种工况进行检测和评价。

5 燃料经济性

按 12.2 规定的检验方法测得的汽车百公里燃料消耗量不得大于该车型原厂规定的相应车速等速百公里燃料消耗量的 110%。

6 制动性(摘录)

6.1 车辆应具有行车制动、应急制动和驻车制动功能。

6.2 行车制动系统制动踏板的自由行程应符合该车原厂规定的有关技术条件。

6.3 行车制动在产生最大制动作用时的踏板力,对于座位数小于或等于 9 的载客汽车应不大于 500 N,对于其他车辆应不大于 700 N。

6.4 液压行车制动在达到规定的制动效能时,踏板行程(包括空行程,下同)不得超过全行程的 3/4;制动器装有自动调节间隙装置的车辆的踏板行程不得超过全行程的 4/5,且其座位数小于或等于 9 的载客汽车踏板行程不得超过 120 mm,其他类型车辆不得超过 150 mm。

6.5 驻车制动应能使车辆在即使没有驾驶人的情况下,也能停在上、下坡道上。驾驶人必须在座位上就可以实现驻车制动。施加于驻车制动操纵装置的力:手操纵时,座位数小于或等于 9 的载客汽车应不大于 400 N,其他车辆应不大于 600 N;脚操纵时,座位数小于或等于 9 的载客汽车应不大于 500 N,其他车辆应不大于 700 N。

6.6 驻车制动操纵装置必须有足够的储备行程,一般应在操纵装置全行程的 2/3 以内产生规定的制动性能,驻车制动机构装有自动调节装置时,允许在全行程的 3/4 以内达到规定的制动效能。棘轮式制动操纵装置应保证在达到规定驻车制动效能时,操纵杆往复拉动的次数不得超过三次。驻车制动应通过纯机械装置把工作部件锁止。不允许利用液压、气压或电力驱动来获得规定的驻车制动效能。

6.7 气压制动系统必须装有限压装置,确保贮气筒内气压不超过允许的最高气压。

6.8 采用气压制动系统的车辆,发动机在 75%的额定功率转速下,4 min(汽车列车为 6 min,城市铰接公共汽车和无轨电车为 8 min)内气压表的指示气压应从零开始升至起步气压(未标起步气压,按 400 kPa 计)。

6.9　车辆的行车制动必须采用双管路或多管路。

6.10　车辆运行过程中,不应有自行制动现象。当挂车与牵引车意外脱离后,挂车应能自行制动,牵引车的制动仍然有效。

6.11　车辆安装防抱制动装置的要求按 GB12676—1999 中 4.2.20 和 4.3.13 的规定。

6.12　制动系统故障报警装置应完好有效。

6.13　试验台检验(以下简称“台试”)制动性能。

6.13.1　行车制动性能

6.13.1.1　汽车在制动试验台上测出的制动力应符合表 2 的规定。

表 2　台试制动力要求

制动力总和与整车重量的百分比		轴制动力与轴荷的百分比	
空载	满载	前轴	后轴
≥60%	≥50%	≥60%[①]	—

注:①空载和满载状态下测试均应满足此要求。

6.13.1.2　台试时的制动气压和制动踏板力要求。

a. 满载检验时

气压制动系统:气压表的指示气压≤额定工作气压;

液压制动系统:踏板力,座位数小于或等于 9 的载客汽车≤500 N;其他车辆≤700 N。

b. 空载检验时

气压制动系统:气压表的指示气压≤600 kPa;

液压制动系统:踏板力,座位数小于或等于 9 的载客汽车≤400 N;其他车辆≤450 N。

6.13.1.3　制动力平衡要求

在制动力增长全过程中同时测得的左右轮制动力差的最大值,与全过程中测得的该轴左右轮最大制动力中大者之比,对前轴不得大于 20%;对后轴:当后轴制动力大于或等于后轴轴荷的 60%时不得大于 24%;当后轴制动力小于后轴轴荷的 60%时,在制动力增长全过程中同时测得的左右轮制动力差的最大值不得大于后轴轴荷的 8%。

6.13.1.4　汽车制动协调时间(指在急踩制动时,从踏板开始动作至制动力达到表 2 规定的制动力 75%时所需的时间):对采用液压制动系统的车辆不得大于 0.35 s;对于采用气压制动系统的车辆不得大于 0.56 s。

6.13.1.5　车轮阻滞力:进行制动力检测时,车辆各轮的阻滞力均不得大于该轴轴荷的 5%。

6.13.1.6　制动完全释放时间(从松开制动踏板到制动消除所需要的时间)对单车不得大于 0.8s。

6.13.2　应急制动性能

6.13.2.1　应急制动应在行车制动系统有一处管路失效的情况下,在规定的距离内将车辆停住。

6.13.2.2　检查汽车是否具有有效的应急制动装置。如受检汽车没有应急制动装置或对应急制动性能有质疑时,应按 6.13.2.3 的规定检验其应急制动性能。

6.13.2.3　应急制动性能要求:汽车在制动试验台上,应急制动起作用时,其测得的制动力应符合表 3 的规定。

表 3　　汽车应急制动力要求

车辆类型	应急制动力总和占整车重量百分比	允许操纵力/N	
		手操纵	脚操纵
座位数≤9 的载客汽车	≥30%	≤400	≤500
其他载客汽车	≥26%	≤600	≤700
载货汽车	≥23%	≤600	≤700

6.13.3　驻车制动性能

当采用制动试验台检验车辆驻车制动的制动力时，车辆空载，乘坐一名驾驶人，使用驻车制动装置，驻车制动力的总和应不小于该车在测试状态下整车重量的 20%；对总质量为整备质量 1.2 倍以下的车辆，限值为 15%。

6.15　当车辆经台试后，对其制动性能有质疑时，可用 6.14 规定的路试进行复检，并以满载路试的结果为准。

7　转向操纵性(摘录)

7.1　转向盘的最大自由转动量

7.1.1　最大设计车速大于或等于 100 km/h 的汽车为 20°；

7.1.2　最大设计车速小于 100 km/h 的汽车为 30°。

7.2　转向轻便性

7.2.1　路试检测：汽车空载在平坦、干燥和清洁的硬路面上以 10 km/h 的速度在 5s 之内沿螺旋线从直线行驶过渡到直径为 24 m 的圆周行驶，施加于转向盘外缘的最大切向力不得大于 150 N。

7.2.2　原地检测：汽车转向轮置于转角盘上，转动转向盘使转向轮达到原厂规定的最大转角，在全过程中用转向力测试仪测得的转动转向盘的操纵力不得大于 120 N。

7.3　转向轮的横向侧滑量

7.3.1　前轴采用非独立悬架的汽车，转向轮的横向侧滑量，用侧滑仪(包括单、双板)按 12.4.2 规定的方法检测时，侧滑量值应不大于 5 m/km。

7.3.2　前轴采用独立悬架的汽车，可以前轮定位参数值符合原厂规定的该车有关技术条件为合格。

7.4　车轮定位值

7.4.1　车辆的前轮定位值应符合该车有关技术条件的规定。

7.4.2　凡后轮有定位技术参数的汽车，后轮定位值应符合该车有关技术条件的规定。

7.5　车辆的最小转弯直径

以前外轮轨迹中心线为基线测量，其值不得大于 24 m。转向轮的最大转向角应符合原厂规定的该车的有关技术条件。内、外轮转角应符合一定的几何比例关系。

7.6　悬架特性

对于最大设计车速大于或等于 100 km/h、轴载质量小于或等于 1 500 kg 的载客汽车，应按 12.4.3 规定的方法进行悬架特性检测。

7.6.1　用悬架检测台按 12.4.3.1 规定的方法检测时，受检车辆的车轮在受外界激励振动下测得的吸收率(被侧汽车共振时的最小动态车轮垂直载荷与静态车轮垂直载荷的百分比值)应不小于 40%，同轴左右轮吸收率之差不得大于 15%。

7.6.2 用平板检测台按12.4.3.2规定的方法检测时，受检车辆制动时测得的悬架效率应不小于45%，同轴左右轮悬架效率之差不得大于20%。

7.7 动力转向(或助力转向)的车辆卸载阀的工作时刻应符合原厂规定的该车有关技术条件。

7.8 汽车应具有适度的不足转向特性，以使车辆具有正常的操纵稳定性。

7.9 转向轮转向后应能自动回正，在平坦、硬实、干燥和清洁的道路上行驶不得跑偏，其转向盘不得有摆振或其他异常现象。

7.10 转向盘应转动灵活，操纵方便，无阻滞现象。车轮转向过程中不得与其他部件有干涉现象。

7.11 转向节及臂，转向横、直拉杆及球销应无裂纹和损伤，并且球销不得松旷。对车辆进行改装或修理时，横直拉杆不得拼焊。

8 照明和信号装置及其他电气设备(摘录)

8.1 前照灯光束照射位置

8.1.1 在检验前照灯的近光光束照射位置时，前照灯在距离屏幕前10 m处，光束明暗截止线转角或中点的高度应为0.6H～0.8H(H为前照灯基准中心高度)，其水平方向位置要求向左向右偏均不得超过100 mm。

8.1.2 四灯制前照灯其远光单光束的照射位置，前照灯在距离屏幕10 m处，光束中心离地高度为0.85H～0.90H，水平位置要求左灯向左偏不得大于100 mm，向右偏不得大于170 mm；右灯向左或向右偏均不得大于170 mm。

8.1.3 汽车装用远光和近光双光束灯时以调整近光光束为主。对于只能调整远光单光束的灯，调整远光单光束。

8.1.4 前照灯光束照射位置检验按12.6规定的方法进行。

8.2 汽车每只前照灯远光光束发光强度应达到如下要求：

两灯制：12 000 cd；四灯制：10 000 cd。

测试时，电源系统可处于充电状态。

采用四灯制的汽车，其中两只对称的灯达到两灯制的要求时，视为合格。

8.3 汽车的灯具应安装牢靠，完好有效，不得因车辆振动而松脱、损坏，失去作用或改变光照方向；所有灯光的开关应安装牢固、开关自如，不得因车辆振动而自行开关。

8.4 所有前照灯的近光都不得眩目。

9 排放与噪声控制

9.1 排放污染物控制

9.1.1 装配点燃式发动机的车辆排气污染物控制

9.1.1.1 按GB18352通过型式认证的轻型汽车，应进行双怠速试验或加速模拟工况(ASM)试验。

装配点燃式发动机的车辆双怠速试验按12.7.1规定的方法进行，其排气污染物限值见表4。加速模拟工况试验按12.7.2规定的方法进行，其排气污染物限值见表5。

9.1.1.2 除9.1.1.1规定的其他M、N类装配点燃式发动机的车辆应按12.7.3规定的方法进行怠速试验，怠速试验排气污染物限值见表6。

9.1.2 装配压燃式发动机的车辆排气污染物控制

9.1.2.1 按GB18352通过型式认证的装配压燃式发动机的车辆，应按12.7.4.1进行自由加速排气可见污染物试验，排气可见污染物限值见表7。

9.1.2.2 除9.1.2.1规定的其他装配压燃式发动机的车辆应按12.7.4.2进行自由加速烟度试验，自由加速烟度试验排放限值见表8。

9.1.3 汽油车燃油蒸发污染物排放控制

9.1.3.1 1998年1月1日以后生产的汽油车应安装燃油蒸发污染物排放控制装置。

9.1.3.2 燃油蒸发污染物排放控制装置应在有效使用日期(或有效使用里程)内。

9.1.3.3 连接管路应完好，胶管不得有断裂、老化、脱落等现象。

9.1.4 汽车曲轴箱污染物排放控制

9.1.4.1 汽油车应装有曲轴箱强制通风系统，包括PCV阀或流量孔和通风管。

9.1.4.2 曲轴箱强制通风系统连接管路应完好，胶管不得有断裂、老化、脱落现象。

9.1.4.3 用U形水压计或微型压力计在机油标尺孔处检查怠速、50%额定转速的曲轴箱压力，不得出现正压力。

9.2 汽车噪声控制

9.2.1 汽车定置噪声：按12.8.1规定的方法进行测量，其限值如表9所示。

9.2.2 客车车内噪声声级应不大于82dB(A)，中级以上营运客车车内噪声声级应不大于79dB(A)。其检验方法按12.8.2的规定进行。

9.2.3 汽车驾驶人耳旁噪声声级应不大于86dB(A)，其检验方法按12.8.3的规定进行。

9.2.4 喇叭声级：汽车喇叭声级在距车前2 m、离地高1.2 m处用声级计测量时，其值应为90～115dB(A)。

表4　　装配点燃式发动机的车辆双怠速试验排气污染物限值

车辆类型	怠速		高怠速	
	CO	HC/10^{-6}①	CO	HC/10^{-6}①
2001年1月1日以后上牌照的M1②类车辆	0.8%	150	0.3%	100
2002年1月1日以后上牌照的M1③类车辆	1.0%	200	0.5%	150

注：①HC容积浓度值按正己烷当量；
②M1指车辆设计乘员数(含驾驶人)不超过6人，且车辆最大总质量不超过2 500 kg；
③N1还包括设计上乘员数(含驾驶人)超过6人，或车辆最大总质量超过2 500 kg但不超过3 500的M类车辆。

表5　　装配点燃式发动机的车辆加速模拟工况试验排气污染物限值

车辆类型	基准质量RM/kg	ASM5025			SM2540		
		HC/10^{-6}①	CO	NO/10^{-6}	HC/10^{-6}①	CO	NO/10^{-6}
2001年1月1日以后上牌照的M1②类车辆	<1 050	260	2.2%	2 500	260	2.4%	2 300
	<1 250	230	1.8%	2 200	230	2.2%	2 050
	<1 470	190	1.5%	1 800	190	1.8%	1 650
	<1 700	170	1.3%	1 550	170	1.5%	1 400
	<1 930	150	1.1%	1 350	150	1.3%	1 250
	<2 150	130	1.0%	1 200	130	1.2%	1 100
	<2 500	120	0.9%	1 050	120	1.1%	1 000

（续表）

车辆类型	基准质量 RM/kg	ASM5025			SM2540		
		HC/10⁻⁶①	CO	NO/10⁻⁶	HC/10⁻⁶①	CO	NO/10⁻⁶
2002年1月1日以后上牌照的N1③类车辆	＜1 050	260	2.2%	2 500	260	2.4%	2 300
	＜1 250	230	1.8%	2 200	230	2.2%	2 050
	＜1 470	250	2.3%	2 700	250	3.2%	2 600
	＜1 700	190	2.0%	2 350	190	2.7%	2 200
	＜1 930	220	2.1%	2 800	220	2.9%	2 600
	＜2 150	200	1.9%	2 500	200	2.6%	2 300
	＜2 500	180	1.7%	2 250	180	2.4%	2 050
	＜3 500	160	1.5%	2 000	160	2.1%	1 800

注：①HC容积浓度值按正己烷当量；
②M1指车辆设计乘员数（含驾驶人）不超过6人，且车辆最大总质量不超过2 500 kg；
③N1还包括设计乘员数（含驾驶人）超过6人，或车辆最大总质量超过2 500 kg但不超过3 500的M类车辆。

表6　装配点燃式发动机的车辆怠速试验排气污染物限值

车辆类型	轻型车		重型车	
	CO	HC/10⁻⁶①	CO	HC/10⁻⁶①
1995年7月1日以前生产的在用汽车	4.5%	1 200	5.0%	2 000
1995年7月1日起生产的在用汽车	4.5%	900	4.5%	1 200

注：①HC容积浓度值按正己烷当量。

表7　装配压燃式发动机的车辆自由加速试验排气可见污染物限值

车辆类型	光吸收系数/m^{-1}
2001年1月1日以后上牌照的在用车	2.5
2001年1月1日以后上牌照的装配废气涡轮增压器的在用车	3.0

表8　装配压燃式发动机的车辆自由加速试验烟度排放限值

车辆类型	烟度值/Rb
1995年7月1日以前生产的在用汽车	4.7
1995年7月1日起生产的在用汽车	4.0

表 9 **汽车定置噪声限值** 单位：dB

车 辆 类 型	燃 料 种 类		车辆出厂日期	
			1998 年 1 月 1 日以前	1998 年 1 月 1 日及以后
乘用车	汽油		87	875
微型客车、货车	汽油		90	88
轻型客车、货车越野车	汽油	$n_r \leqslant 4\,300$ r/min	94	92
		$n_r > 4\,300$ r/min	97	95
	柴油		100	98
中型客车、货车、大型客车	汽油		97	95
	柴油		103	101
重型货车	$N \leqslant 147$ kW		101	99
	$N > 147$ kW		105	103

注：N—汽车发动机额定功率；
n_r—发动机额定转速。

10　密封性

10.1　客车防雨密封性

按 12.9 规定的试验方法进行检验，应达到 QC/T476 的有关要求。

10.2　连接件密封性

汽车上各连接件无漏油、渗水和漏气现象。

10.3　制动系统密封性

10.3.1　采用气压制动的汽车，当气压升至 600 kPa 且不使用制动的情况下，停止空气压缩机 3 min 后，其气压降低值应不大于 10 kPa。在气压 600 kPa 的情况下，将制动踏板踩到底，待气压稳定后观察 3 min，单车气压降低值应不大于 20 kPa；汽车列车气压降低值不得超过 30 kPa。

10.3.2　采用液压制动的汽车在保持踏板力为 700 N 达到 1 min 时，踏板不得有缓慢向地板移动的现象。

11　整车整备(摘录)

11.1　基本要求

11.1.1　整车整备应齐全、完好、有效，各连接部件紧固完好。车体应周正，车体外缘左右对称部位(在离地高 1.5 m 内测量)高度差不得大于 40 mm；左右轴距不得大于轴距的 1.5/1 000。

11.1.2　车辆的结构不得任意改造。

11.1.3　营运车辆的车顶、车门、车身、风窗玻璃等部分的标识应统一，齐全有效，并符合有关规定。

11.2　车辆尺寸参数

11.2.1　车辆的外廓尺寸限值应符合表 10 的规定。

表 10 **车辆外廓尺寸限值** 单位：m

车 辆 类 型	长	宽	高
载货汽车(包括载货越野汽车)	≤12	≤2.5	≤4
整体式客车	≤12	≤2.5	≤4

(续表)

车 辆 类 型	长	宽	高
半挂汽车列车	≤16.5	≤2.5	≤4
全挂汽车列车	≤20	≤2.5	≤4

11.2.2 车辆后悬

客车及封闭式车厢(或罐体)的车辆后悬不得超过轴距的65%,最大不得超过3.5 m。其他车辆后悬不得超过轴距的55%。对于三轴车辆,若二、三轴为双后轴,其轴距应按第一轴至双后轴中心线的距离计算;若一、二轴为双转向轴,其轴距按一、三轴的轴距计算。多轴车辆的后悬应从最后一轴的中心线往后计算。对于客车,后悬应以车身外蒙皮尺寸计算。如后保险杠突出于后背外蒙皮,则以后保险杠尺寸计算,不计后尾梯。

11.3 车辆质量参数

11.3.1 车辆总质量不得超过下列规定值:

a. 半挂汽车列车、全挂汽车列车:40 000 kg;

b. 集装箱半挂列车:46 000 kg。

11.3.2 车辆轴载质量不得超过下列规定值:

a. 单轴(每侧单轮胎)载质量:6 000 kg;

b. 单轴(每侧双轮胎)载质量:10 000 kg;

c. 双联轴(每侧单轮胎)载质量:10 000 kg;

d. 双联轴(每侧各一单轮胎、双轮胎)载质量:14 000 kg;

e. 双联轴(每侧双轮胎)载质量:18 000 kg;

f. 三联轴(每侧单轮胎)载质量:12 000 kg;

g. 三联轴(每侧双轮胎)载质量:22 000 kg。

11.4 车速表检查

车速表允许误差范围为+20%~-5%,即当实际车速为40 km/h时,车速表指示值应为8~48 km/h。其检验方法按12.10的规定进行。

11.5 滑行性能

11.5.1 用底盘测功机检测时,按12.5.1规定的方法测得的初速为30 km/h的滑行距离,应符合表11的规定。

11.5.2 路试检测时,按12.5.2规定的方法测得的初速为30 km/h的滑行距离应符合表11的规定。

表11 **车辆滑行距离要求**

汽车整备质量 M/kg	双轴驱动车辆的滑行距离/m	单轴驱动车辆的滑行距离/m
<1 000	≥104	≥130
1 000≤M≤4 000	≥120	≥160
4 000<M≤5 000	≥144	≥180

(续表)

汽车整备质量 M/kg	双轴驱动车辆的滑行距离/m	单轴驱动车辆的滑行距离/m
$5\,000<M\leqslant 8\,000$	≥184	≥230
$8\,000<M\leqslant 11\,000$	≥200	≥250
$>11\,000$	≥214	≥270

11.5.3 按 12.5.3 规定的方法测得的滑行阻力 P_s,应符合

$$P_s \leqslant 1.5\%\quad M\cdot g$$

式中 P_s——滑行阻力,N;

M——汽车的整备质量,kg;

g——重力加速度,9.8 m/s^2。

11.5.4 车辆的滑行性能符合 11.5.1、11.5.2 或 11.5.3 中任一项即为合格。

11.6 异响检查

11.6.1 发动机运转应无异响,运转和加速时不得有回火放炮现象。

11.6.2 车辆运行当中底盘应无异响。

11.7 润滑检查

11.7.1 各部润滑良好,发动机机油压力应符合该车有关技术条件的规定。

11.7.2 汽油机油换油指标应符合 GB/T8028 的规定;柴油机油换油指标应符合 GB/T7607 的规定。

11.7.3 变速箱、后桥等总成和部件的润滑油的规格和用量应符合规定。

11.8 车架、车身与驾驶室

11.8.1 车身和驾驶室的技术状况应能保证驾驶人有正常的工作条件和客货安全。

11.8.2 车身和驾驶室应坚固耐用,车架、车身与驾驶室不得有开裂、锈蚀和明显变形,螺栓和铆钉不得缺少或松动,车身与车架的连接应安装牢固。

11.8.3 货箱的栏板和地板应平整;客车车身与地板应密合,应有防止发动机废气进入车厢内部的有效措施。地板和座椅应具有足够的强度,座椅合扶手应安装牢固可靠。乘客座椅间距不得采用沿滑道纵向调整的结构。

11.8.4 车身外部和内部都不应有任何可能使人致伤的尖锐凸起物。

11.8.5 驾驶室和乘客舱所有内饰材料应具有阻燃性。

11.8.6 车门和车窗

11.8.6.1 车门和车窗应启闭轻便,不得有自行开启现象,锁止可靠,玻璃升降器应完好。

11.8.6.3 车辆的门窗应使用安全玻璃,前风窗玻璃应采用夹层玻璃或部分区域钢化玻璃,其他车窗可采用钢化玻璃。

11.8.7 驾驶室必须保证驾驶人的前方视野和侧方视野。车窗玻璃不允许张贴妨碍驾驶人视野的附加物及镜面反光遮阳膜。

11.8.8 前风窗玻璃应装备刮水器,刮水器应能正常工作,刮水器关闭时刮片应能自动返回至初始位置。

11.9 行驶系统

11.9.1　车轮和轮胎

11.9.1.1　轮胎的磨损：轿车和挂车胎冠上花纹深度不得小于1.6 mm；其他车辆转向轮的胎冠花纹深度不得小于3.2 mm，其余轮胎胎冠花纹深度不得小于1.6 mm。

11.9.1.2　轮胎胎面不得有因局部磨损而暴露出轮胎帘布层。轮胎的胎面和胎壁上不得有长度超过25 mm或深度足以暴露出轮胎帘布层的破裂和割伤。

11.9.1.3　同一轴上轮胎规格和花纹应相同，轮胎规格应符合车辆出厂时的规定，同一轴上轮胎外径的磨损程度应大体一致。

11.9.1.4　汽车转向轮不得装用翻新的轮胎。

11.9.1.5　汽车装用的轮胎应与其最大设计车速相适应。

11.9.1.6　轮胎负荷不应超过该轮胎的额定负荷，轮胎的充气压力应符合该轮胎承受负荷时规定的压力。

11.9.1.7　最大设计车速超过120 km/h的车辆，其车轮应做动平衡，并应符合有关技术要求。

11.9.1.8　轮胎螺母和半轴螺母应完整齐全，并应按规定力矩紧固。

11.9.1.9　车辆总成的横向摆动量和径向跳动量：总质量小于或等于4 500 kg的汽车不得大于5 mm；其他车辆不得大于8 mm。

11.9.2　钢板弹簧不得有裂纹和断片现象，其弹簧形式和规格应符合产品使用说明书的规定。中心螺栓和U形螺栓应紧固。

11.9.3　减振器应齐全有效。

11.9.4　前、后桥不得有变形和裂纹。

11.9.5　车桥与悬架之间的各种拉杆和导杆不得变形，各接头和衬套不得松旷和移位。

11.10　传动系统

11.10.1　离合器踏板自由行程应符合原厂规定的该车技术条件的有关规定。

11.10.2　离合器踏板力应不大于300 N。

11.10.3　离合器应接合平稳，分离彻底，工作时不得有异响、抖动和不正常打滑等现象。

11.10.4　变速器和分动器，换挡时齿轮啮合灵便，互锁、自锁、倒挡锁装置有效，不得有乱挡和自动跳挡现象，换档时变速杆不得与其他部件干涉。运行中无异响。

11.10.5　传动轴在运转时不得发生振抖和异响，中间轴承和万向节不得有裂纹和松旷现象。

11.10.6　驱动桥工作应正常且无异响。

11.11　安全防护装置

11.11.1　汽车安全带

11.11.1.1　座位数小于或等于20(含驾驶人座椅，下同)或者车长小于或等于6 m的载客汽车和最大设计车速大于100 km/h的载货汽车和牵引车的前排座位必须装置汽车安全带。长途客车和旅游客车的驾驶人座椅及前面没有座椅或护栏的座椅应安装汽车安全带。安全带应有认证标志。

11.11.1.2　卧铺客车的每个铺位均应安装两点式汽车安全带。

11.11.1.3　汽车安全带应可靠有效，安装位置应合理，固定点应有足够的强度。

11.11.2　车内外后视镜和前下视镜

11.11.2.1　车辆(挂车除外)必须在左右各设置一面后视镜；车长大于6 m的平头客车和平头载货汽车车前应设置一面下视镜。轿车和客车驾驶室内应设置一面内后视镜。

11.11.2.2　车辆车外后视镜的安装位置和角度应保证看清车身左右外侧、车后50 m以内的交通情况。前下视镜应能看清风窗玻璃前下方长1.5 m、宽3 m范围内的情况。

11.11.2.3 车内外后视镜和前下视镜应易于调节，并能有效保持其位置。

11.11.2.4 安装在外侧距地面1 800 mm以下的后视镜，当行人等接触该镜时，应具有能缓和冲击的功能。

11.11.3 车辆驾驶室内应设置防止阳光直射而使驾驶人产生眩目的装置，且该装置在车辆碰撞时，不应对驾驶人造成伤害。

11.11.4 轿车及在寒冷地区营运的车辆的前风窗玻璃应装有除雾、除霜装置。

11.11.5 客车车内空气调节

11.11.5.1 空调系统应具有制冷或采暖功能，并应运转正常。不允许采用直通式采暖方式。

11.11.5.2 应设有通风换气装置。

11.11.5.3 燃烧式采暖系统和利用排气余热的采暖系统应设置有害气体安全报警装置。

11.11.6 燃油系统的安全保护

11.11.6.1 燃油箱及燃油管路应坚固牢靠，不致因振动和冲击而发生损坏和漏油现象。

11.11.6.2 车厢内不允许装设燃油供给系统。

11.11.6.3 燃油箱的加油口及通气口应保证在车辆晃动时不漏油。

11.11.12 营运车辆应装备与其相适应的有效灭火装置，灭火装置应安装牢靠并便于取用。

11.12 危险货物运输车辆

11.12.1 危险货物运输车辆的标志应符合GB13392的规定。

11.12.2 车厢、底板应平整完好，周围栏板必须牢固，铁质底板装运易燃、易爆货物时应采用衬垫防护措施。

11.12.3 车辆的排气管应装有有效的隔热和熄灭火星的装置，电路系统应有切断总电源和隔离电火花的装置。运送易燃易爆货物的车辆排气管应在车身的前部，车辆尾部应安装接地线。

11.12.4 应根据所装危险货物的性质配备相应的消防器材和捆扎、防水、防散失等工具。消防器材在车上应安装牢靠并便于取用。

12 检验方法(摘录)

12.1 用底盘测功机检测汽车驱动轮输出功率

按GB/T18276—2000中4.1和4.2的规定进行检验。

12.2 燃料经济性检验

12.2.1 用底盘测功机检测汽车等速百公里燃料消耗量

12.2.1.1 检测环境条件：环境温度：0℃～40℃；环境湿度小于85%；大气压力：80～110 kPa。

12.2.1.2 台架和车辆的准备

a. 测试前车辆应预热至正常热状态，车辆轮胎规格和气压应符合该车技术条件的规定；

b. 底盘测功机应预热到正常工作温度，底盘测功机和油耗计应符合使用要求，工作正常；

c. 测量并记录环境温度、大气压力和燃料密度。

12.2.1.3 检测方法

a. 在底盘测功机上设定检测车速：乘用车：60 km/h；其他车辆：50 km/h。

b. 将被测汽车驱动轮平稳驶至底盘测功机滚筒上，起动汽车，逐步加速并换至直接挡(无直接挡至最高挡)，使车速达到规定的车速。给测功机加载PPAU，使其模拟汽车满载等速行驶在平坦良好路面时的行驶阻力功率

$$P=PPAU+PPL+PF \quad (6)$$

式中　P——汽车满载等速行驶在平坦良好路面时的行驶阻力功率；

PPAU——底盘测功机吸收单元的吸收功率；

PPL——测功机内部摩擦损失功率，由底盘测功机生产厂家给出；

PF——汽车驱动轮、传动系等摩擦损失，由测功机使用者自行测定。

当 PPL＋PF≥P 时，则车辆不能在该测功机上进行检测；当 PPL＋PF＜P 时，则需调整 PPAU，使 PPAU＋PPL＋PF＝P。

其中行驶阻力功率 P 可按 GB18352.1—18352.2—2001 附件 CC 的有关规定试验测得，试验时基准质量为车辆满载；也可以按汽车在平坦良好路面等速行驶所消耗的功率值计算得到。

c. 待车速稳定后开始测量，要求测量不低于 500 m 距离的燃料消耗量。连续测量两次并记录。

d. 计算等速百公里燃料消耗量和 2 次的算术平均值。

12.2.1.4　检测结果的重复性检验

a. 检测结果的重复性按第 95 百分位来判断；

b. 标准差：第 95 百分位分布的标准差 R 与重复性检测次数 n 有关，如表 12 所示。

表 12　　标准差 R 与重复性检测次数 n 的关系

n	2	3	4	5	6
R,L/100km	0.053 Q_{mp}	0.063 Q_{mp}	0.069 Q_{mp}	0.073 Q_{mp}	0.085 Q_{mp}

注：为每次检测时，n 次检测所得百公里燃料消耗量算术平均值(L/100 km)。

c. 重复性检验

ΔQ_{max} 为每次检测时，n 次检测结果中最大值与最小值之差，单位为 L/100 km。

当 $\Delta Q_{max} > R$ 时，则检测结果的重复性差，必须增加检测次数。

12.2.1.5　检测数据的校正

燃料消耗量的检测值均应校正到标准状态下的数值。

a. 标准状态

环境温度：20℃；

大气压力：100 kPa；

汽油密度：0.742 g/cm³；

柴油密度：0.830 g/cm³。

b. 校正公式

$$Q_{mj} = Q_{mp}/(C_1 \times C_2 \times C_3) \qquad (7)$$

式中　Q_{mj}——检测百公里燃料消耗量校正值，L/100 km；

Q_{mp}——检测百公里燃料消耗量算术平均值，L/100 km；

C_1——环境温度校正系数，$C_1 = 1 + 0.0025(20 - T)$；

C_2——大气压力校正系数，$C_2 = 1 + 0.0021(P - 100)$；

C_3——燃料密度的校正系数[汽油机：$C_3 = 1 + 0.8(0.742 - G_s)$；柴油机：$C_3 = 1 + 0.8(0.83 - G_d)$]；

T——检测时的环境温度，℃；

p——检测时的大气压力，kPa；

G_s——检测时的汽油平均密度,g/cm^3;

G_d——检测时的柴油平均密度,g/cm^3。

12.2.2 路试检测汽车百公里燃料消耗量

12.2.2.1 不能用底盘测功机检测汽车百公里燃料消耗量的,可按 GB/T12545—1990 中 6.1—6.3 的规定,采用道路试验进行规定检测车速的等速试验。试验条件应符合该标准第 3 章的规定。

12.2.2.2 路试百公里燃料消耗量的检测值应按 12.2.1.5 的规定校正到标准状态下的数值。

12.3 制动性能检验

12.3.1 台试制动性能检验方法按 GB7258—1997 附录 C 中 C2 进行。

12.3.2 路试制动性能检验方法按 GB7258—1997 附录 C 中 C1 进行。可采用非接触式速度计和能直接测取车辆充分发出的平均减速度、制动协调时间和制动距离的汽车制动性能测试仪进行路试制动性能检验。

12.4 转向操纵性检验

12.4.1 转向盘的最大自由转动量检验

12.4.1.1 汽车应保持直线向前状态,置于平坦、干燥和清洁的硬质路面上。

12.4.1.2 将转向力-角仪安装在转向盘上。

12.4.1.3 转动转向盘至一侧有阻力止,再转至另一侧有阻力止,测出其最大自由转动量。

12.4.2 转向轮侧滑量检验

转向轮侧滑量检验方法按 GB7258—1997 附录 B 进行。

12.4.3 悬架特性检验

12.4.3.1 用悬架装置检测台检验

a. 汽车轮胎规格、气压应符合规定值,车辆空载,不乘人(含驾驶人);

b. 将车辆每轴车轮驶上悬架装置检测台,使轮胎位于台面的中央位置;

c. 起动检测台,使激振器迫使汽车悬挂产生振动,使振动频率增加过振荡的共振频率;

d. 在共振点过后,将激振源关断,振动频率减少,并将通过共振点;

e. 记录衰减振动曲线,纵坐标为动态轮荷,横坐标为时间。测量共振时动态轮荷。计算并显示动态轮荷与静态轮荷的百分比及其同轴左右轮百分比的差值。

12.4.3.2 用平板检测台检验

a. 平板检测台平板表面应干燥,没有松散物质及油污;

b. 驾驶人将车辆对正平板台以 5～10 km/h 的速度驶上平板,置变速器于空挡,急踩制动,使车辆停住;

c. 测量制动时的动态轮荷;记录动态轮荷的衰减曲线;

d. 计算并显示悬架效率和同轴左右悬架效率之差值。

12.5 滑行性能检验

12.5.1 用底盘测功机检测滑行距离

12.5.1.1 汽车轮胎气压应符合规定值,传动系统润滑油油温不低于 50℃。

12.5.1.2 根据测试汽车的基准质量选定底盘测功机的相应当量惯量,当底盘测功机所配备的飞轮系统的惯量级数不能准确满足测试汽车的当量惯量需要时,可选配与测试汽车整备质量最接近的转动惯量级,但应对检测结果作必要的修正。

12.5.1.3 将试验车辆驱动轮置于底盘测功机滚筒上,起动汽车,按引导系统提示加速至高于规定车速(30 km/h)后,置变速器于空挡,利用车-台系统贮藏的功能,使其运转直至车轮停止转动。

12.5.1.4 记录汽车从 30 km/h 开始的滑行距离。

12.5.2 路试检验滑行距离

12.5.2.1 应在平坦(纵向坡度不应超过 1%)、干燥和清洁的硬路面上进行。风速不大于 3 m/s。

12.5.2.2 车辆空载,轮胎气压应符合规定值。

12.5.2.3 被试车辆行驶速度高于 30 km/h 后,置变速器于空挡,开始滑行,当速度为 30 km/h 时用速度计或第五轮仪测量滑行距离。

12.5.2.4 试验至少往返各滑行一次,往返区段尽量重合。

12.5.3 滑行阻力测试

12.5.3.1 应在平坦、干燥和清洁的硬路面上进行。

12.5.3.2 车辆空载,轮胎气压应符合规定值。

12.5.3.3 解除制动,置变速器于空挡。

12.5.3.4 用拉力传感器拉(或用压力传感器推)被试车辆,当被试车辆从静止开始移动时,记下传感器的拉(压)力值。

12.6 前照灯光束照射位置检验

前照灯光束照射位置检验方法按 GB7258—1997 附录 D 进行。

12.7 汽车排放污染物检验

12.7.1 双怠速试验

双怠速试验按 GB/T3845—1993 附录 C 进行。

12.7.2 加速模拟工况试验

加速模拟工况试验按 GB18285—2000 附录 A 进行。

12.7.3 怠速试验

怠速试验按 GB/T3845 的规定进行。

12.7.4 自由加速试验

12.7.4.1 自由加速排气可见污染物试验按 GB18285—2000 附录 B 进行。

12.7.4.2 自由加速烟度试验按 GB/T3846 的规定进行。

12.8 汽车噪声检验

12.8.1 汽车定置噪声检验按 GB/T14365—1993 第 1—5.3 条的规定进行。

12.8.2 客车车内噪声检验按 GB/T1496 的规定进行。

12.8.3 驾驶人耳旁噪声检验

12.8.3.1 车辆应处于静止状态且变速器置于空挡,发动机应处于额定转速状态。车辆门窗应紧闭。

2.8.3.2 测量位置应符合 GB/T1496 的要求。

12.8.3.3 声级计应置于"A"计权、"快"挡。

12.9 客车防雨密封性检验

客车防雨密封性的检验方法按 GB/T12480 的规定进行。

12.10 车速表检验

车速表的检验方法按 GB7258—1997 附录 A 进行。

附录二 《机动车运行安全技术条件》(GB7258—2004)(摘录)

引言

国家标准《机动车运行安全技术条件》(以下简称"GB7258")是我国机动车安全技术管理最基本的技术性法规,是公安机关交通管理部门新车注册登记和在用车定期检验、事故车检验等安全技术检验的主要技术依据,同时也是我国机动车新车定型强制性检验、新车出厂检验及进口机动车检验的重要技术依据之一。

1 范围

本标准规定了机动车的整车及主要总成、安全防护装置等有关运行安全的基本技术要求及检验方法。本标准还规定了机动车的环保要求及消防车、救护车、工程救险车和警车的附加要求。

本标准适用于在我国道路上行驶的机动车。

2 规范性引用文件(略)

3 术语和定义

下列术语和定义适用于本标准。

3.1 机动车 power-driven vehicle

由动力装置驱动或牵引、在道路上行驶的、供乘用或(和)运送物品或进行专项作业的轮式车辆,包括汽车及汽车列车、摩托车及轻便摩托车、拖拉机运输机组、轮式专用机械车和挂车等,但不包括任何在轨道上运行的车辆。

3.2 汽车 motor vehicle

由动力驱动,具有四个或四个以上车轮的非轨道承载的车辆,主要用于:

a. 载运人员和/或货物;

b. 牵引载运货物的车辆或特殊用途的车辆;

c. 特殊用途。

3.2.1 乘用车 passenger car

在其设计和技术特性上主要用于载运乘客及其随身行李和/或临时物品的汽车,包括驾驶人座位在内最多不超过9个座位。它也可以牵引一辆挂车。

3.2.2 客车 bus

在其设计和技术特性上主要用于载运乘客及其随身行李的商用车辆,包括驾驶人座位在内座位数超过9个。客车有单层的或双层的。

3.2.3 半挂牵引车 semi-trailer towing vehicle

装备有特殊装置用于牵引半挂车的商用车辆。

(GB/T 3730.1—2001 第2.1.2.2条)

3.2.4 货车 goods vehicle

一种主要为载运货物而设计和装备的商用车辆,它能否牵引一辆挂车均可。

(GB/T 3730.1—2001　第 2.1.2.3 条)

3.2.5　专用作业车 specical motor vehicle

在其设计和技术特性上用于特殊工作的车辆,如道路清洁车辆、垃圾车、汽车起重机等。

3.2.6　气体燃料汽车 gaseous fuel vehicle

装备以液化石油气、天然气或煤气等气体为燃料的发动机的汽车。

3.2.7　两用燃料汽车 bi-fuel vehicle

具有两套相互独立的燃料供给系统,一套供给天然气或液化石油气,另一套供给天然气或液化石油气之外的燃料,两套燃料供给系统可分别但不可共同向气缸供给燃料的汽车,如汽油/压缩天然气两用燃料汽车、汽油/液化石油气两用燃料汽车等。

3.2.8　双燃料汽车 dual-fuel vehicle

具有两套燃料供给系统,一套供给天然气或液化石油气,另一套供给天然气或液化石油气之外的燃料,两套燃料供给系统按预定的配比向气缸供给燃料,在缸内混合燃烧的汽车,如柴油—压缩天然气双燃料汽车,柴油-液化石油气双燃料汽车等。

3.2.9　电动汽车 electric vehicle

纯电动汽车、混合动力(电动)汽车和燃料电池电动汽车的总称。

3.3　挂车 trailer

就其设计和技术特性需由汽车或拖拉机牵引,才能正常使用的一种无动力的道路车辆,包括中置轴挂车、牵引杆挂车和半挂车,用于:

a. 载运货物;

b. 特殊用途。

3.3.1　中置轴挂车 centre axle trailer

牵引装置不能垂直移动(相对于挂车),车轴位于紧靠挂车的重心(当均匀载荷时)的挂车。这种挂车只有较小的垂直载荷(不超过相当于挂车最大设计总质量的 10%或 10 000 N,两者取较小者)作用于牵引车,其中一轴或多轴可由牵引车来驱动。

3.3.2　牵引杆挂车 draw-bar-trailer

至少有两根轴的挂车,包括牵引杆货车挂车、通用牵引杆挂车和专用牵引杆挂车,具有:

a. 一轴可转向;

b. 通过角向移动的牵引杆与牵引车连接;

c. 牵引杆可垂直移动,连接到底盘上,因此不能承受任何垂直力。

3.3.3　半挂车 semi-trailer

车轴位于车辆重心(当车辆均匀受载时)后面,并且装有可将垂直力和/或水平力传递到牵引车的连接装置的挂车,包括货车半挂车、专用半挂车和旅居半挂车。

3.4　汽车列车 combination vehicles

由一辆汽车(三轮汽车和低速货车除外)牵引一辆挂车组成的机动车,包括乘用车列车、货车列车和铰接列车。

3.4.1　乘用车列车 passenger/car trailer combination

乘用车和中置轴挂车的组合。

3.4.2　货车列车 goods road train

货车和牵引杆挂车或中置轴挂车的组合。

3.4.3　铰接列车 articulated vehicle

半挂牵引车和具有角向移动连接的半挂车的组合。

4 整车

4.1 整车标志

4.1.1 机动车在车身前部外表面的易见部位上应至少装置一个能永久保持的商标或厂标。

4.1.2 机动车应至少装置一个能永久保持的产品标牌，该标牌的固定、位置及形式应符合 GB/T 18411 的规定，组成拖拉机运输机组的拖拉机的标牌的固定、位置及形式应符合相关标准的规定；若使用符合 QC/T 659—2000 附录 A 规定的特殊情况下的标识和标签系统（柔性标牌），则其项目内容应采用蚀刻方式，使用的黏接剂应为压力敏感型。产品标牌的具体位置应在产品使用说明书中指明。改装车不应拆改原底盘的产品标牌。

机动车均应在产品标牌上标明品牌、整车型号、制造年月、生产厂名及制造国，各类机动车产品标牌应标明的其他项目见表 1。产品标牌上标明的内容应规范、清晰耐久且易于识别，项目名称均应有中文名称。

表 1　各类机动车产品标牌应补充标明的项目

机动车类型		应补充标明的项目
汽车①	乘用车②、客车③	车辆识别代号、发动机型号、发动机排量、发动机最大净功率或额定功率、最大设计总质量（以下简称为“总质量”）、乘坐人数（乘员数）
	货车④	车辆识别代号、发动机型号、发动机最大净功率或额定功率、总质量、整车整备质量（以下简称为“整备质量”）、最大设计牵引质量汽车
	半挂牵引车	车辆识别代号、发动机型号、发动机最大净功率或额定功率、整备质量、牵引座最大设计静载荷、最大设计牵引质量
摩托车及轻便摩托车⑤		车辆识别代号、发动机型号、发动机排量或最大净功率、整备质量
组成拖拉机运输机组的拖拉机		出厂编号、发动机型号、发动机标定功率、使用质量、最大设计牵引质量
轮式专用机械		车架号、发动机型号、发动机标定功率、整备质量、最高设计车速
挂车		车辆识别代号[f]、总质量、整备质量

注：①电动汽车还应标明电动动力系统净功率和直流或交流标称电压；
②乘用车具备牵引功能时还应标明最大设计牵引质量；
③客车可不标发动机排量；
④货车没有牵引功能时可不标最大设计牵引质量；
⑤正三轮摩托车还应标明装载质量或乘坐人数，两轮摩托车及轻便摩托车可不标车辆识别代号；
⑥牵引杆挂车和中置轴挂车在未采用统一的车辆识别代号之前应标明车架号。

4.1.3 汽车、摩托车及轻便摩托车、半挂车必须具有车辆识别代号，其内容和构成应符合 GB 16735 的规定；应至少有一个车辆识别代号打刻在车架（无车架的机动车为车身主要承载且不能拆卸的部件）上，打刻位置应尽量位于前部右侧，如受结构限制也可打刻在其他部位。打刻的车辆识别代号应易见且易于拓印，其字母和数字的字高不应小于 7.0 mm，深度不应小于 0.3 mm；对于摩托车及轻便摩托车，打刻的车辆识别代号的字母和数字的字高不应小于 5.0 mm，深度不应小于 0.2 mm。

其他机动车应在相应位置打刻易见且易于拓印的整车型号和出厂编号，型号在前，出厂编号在后，在出厂编号的两端应打刻起止标记；打刻的整车型号和出厂编号字高为 10.0 mm，深度不应小于 0.3 mm。

车辆识别代号(或整车型号和出厂编号)打刻的具体位置应在产品使用说明书中指明，一经打刻不允许更改、变动。同一辆机动车的车架(无车架的机动车为车身主要承载且不能拆卸的部件)上，不允许既打刻车辆识别代号，又打刻整车型号和出厂编号；同一辆车上标识的所有车辆识别代号内容应相同。

4.1.4　发动机型号和出厂编号应打刻(或铸出)在气缸体上且应能永久保持，在出厂编号的两端应打刻起止标记(没有打刻起止标记的空间时可不打刻)；若打刻(或铸出)的发动机型号和出厂编号不易见，则应在发动机易见部位增加能永久保持的发动机型号和出厂编号的标识；若采用符合 QC/T 659—2000 附录 A 规定的特殊情况下的标识和标签系统(柔性标签)，则其项目内容应采用蚀刻方式，使用的黏接剂应为压力敏感型。摩托车及轻便摩托车应在发动机的易见部位铸出商标或厂标，发动机出厂编号应打刻在曲轴箱易见部位，在出厂编号的两端应打刻起止标记(没有打刻起止标记的空间时可不打刻)。发动机出厂编号的具体位置应在产品使用说明书中指明。

4.1.5　道路运输危险货物车辆的标志应符合 GB 13392 的规定。

4.2　外廓尺寸(摘录)

汽车及汽车列车、挂车的外廓尺寸应符合 GB 1589 的规定

4.3　后悬

客车及封闭式车厢(或罐体)的机动车后悬不允许超过轴距的 65%。对于专用作业车和轮式专用机械车，在保证安全的情况下，其后悬可按客车后悬要求核算，其他机动车后悬不允许超过轴距的 55%。机动车的后悬均不应大于 3.5 m。

注： 对于多轴机动车，其轴距按第一轴至最后轴的距离计算(对铰接客车按第一轴至第二轴的距离计算)，后悬从最后一轴的中心线往后计算。对于客车，后悬以车身外蒙皮尺寸计算，如后保险杠突出于后背外蒙皮，则以后保险杠尺寸计算，不计后尾梯。

4.4　轴荷和质量参数(摘录)

4.4.1　汽车及汽车列车、挂车的轴荷和质量参数应符合 GB 1589 的规定。

4.4.2　机动车在空载和满载状态下，整备质量和总质量应在各轴之间合理分配，轴荷应在左右车轮之间均衡分配。

4.5　核载(摘录)

4.5.1　质量参数核定

4.5.1.1　机动车最大允许总质量依据发动机功率、最大设计轴荷、轮胎的承载能力及正式批准的技术文件进行核算后，从中取最小值核定。

4.5.1.2　机动车在空载和满载状态下，转向轴轴荷(或转向轮轮荷)与该车整备质量和最大允许总质量的比值不允许小于：

a. 乘用车为 30%

b. 三轮汽车、正三轮摩托车为 18%

c. 其他机动车为 20%

注： 对于铰接列车，应在空载和满载状态下对牵引车部分进行核算；对于铰接客车，应在空载和满载状态下对前车进行核算。

4.5.1.3　汽车或汽车列车驱动轴的轴荷不允许小于汽车或汽车列车最大允许总质量的 25%。

4.5.1.4　货车列车的挂车的最大允许装载质量不允许大于货车的最大允许装载质量。

4.6　比功率

三轮汽车、低速货车及拖拉机运输机组的比功率不应小于 4.0 kW/t，除无轨电车外的其他机动车的比功率不允许小于 5.0 kW/t。

注： 比功率为发动机最大净功率(或 0.9 倍的发动机额定功率或 0.9 倍的发动机标定功率)与机动车最大允许总质量之比。

4.7 侧倾稳定角及驻车稳定角

4.7.1 机动车在空载、静态状态下，向左侧和右侧倾斜最大侧倾稳定角不允许小于：

a. 三轮机动车(包括三轮汽车和三轮摩托车，下同)25°；

b. 双层客车 28°；

c. 总质量为整备质量的 1.2 倍以下的机动车 30°；

d. 卧铺客车、总质量不小于整备质量的 1.2 倍的专用作业车和轮式专用机械车 32°；

e. 其他机动车(两轮摩托车及轻便摩托车除外)35°。

4.9 外观

4.9.1 机动车外观应整洁，各零部件应完好，连接紧固，无缺损。

4.9.2 车体应周正，车体外缘左右对称部位高度差不允许大于 40 mm。

4.9.3 两轮摩托车和轻便摩托车的方向把和导流板等左右对称的零部件离地面高度差不应大 10 mm；正三轮摩托车的驾驶室和车厢等左右对称的零部件离地面高度差不应大于 20 mm。

4.10 漏水检查

在发动机运转及停车时，水箱、水泵、缸体、缸盖、暖风装置及所有连接部位均不应有明显渗漏现象。

4.11 漏油检查

机动车连续行驶距离不小于 10 km，停车 5 min 后观察，不应有明显渗漏现象。

4.12 车速表指示误差(最高设计车速不大于 40 km/h 的机动车除外)

车速表指示车速 v_1(km/h)与实际车速 v_2(km/h)之间应符合关系式为

$$0 \leqslant v_1 - v_2 \leqslant (v_2/10) + 4 \quad (1)$$

车速表指示误差的检查方法见附录 A。

4.13 行驶轨迹

汽车列车和轮式拖拉机运输机组在平坦、干燥的路面上直线行驶时，挂车后轴中心相对于牵引车前轴中心的最大摆动幅度，对铰接列车、乘用车列车和中置轴挂车列车不应大于 110 mm，对其他列车不应大于 220 mm。其他机动车直线行驶时，其前后轴中心的连线与行驶轨迹的中心线应一致。

5 发动机

5.1 发动机应动力性能良好，运转平稳，怠速稳定，无异响，机油压力正常。发动机功率不允许小于标牌(或产品使用说明书)标明的发动机功率的 75%。

5.2 发动机应有良好的起动性能。汽车(三轮汽车和装用单缸柴油机的低速货车除外)发动机应能由驾驶人在座位上起动。

5.3 柴油机停机装置必须灵活有效。

5.4 发动机点火、燃料供给、润滑、冷却和排气等系统的机件应齐全，性能良好。

6 转向系统(摘录)

6.1 汽车(三轮汽车除外)的转向盘必须设置于左侧，其他机动车的转向盘不允许设置于右侧；专用作业车按需要可设置左右两个转向盘。

6.2 机动车的转向盘(或方向把)应转动灵活，操纵方便，无阻滞现象。机动车应设置转向限位装置。转向系统在任何操作位置上，不允许与其他部件有干涉现象。

6.3 机动车(两轮和三轮的机动车、手扶拖拉机运输机组除外)转向轮转向后应能自动回正，以使机动车具有稳定的直线行驶能力。

6.4 机动车转向盘的最大自由转动量不允许大于：

a. 最高设计车速不小于 100 km/h 的机动车为 20°；

b. 三轮汽车为 45°；

c. 其他机动车为 30°。

6.5 汽车(三轮汽车除外)应具有适度的不足转向特性。

6.7 机动车在平坦、硬实、干燥和清洁的道路上行驶不应跑偏，其转向盘(或方向把)不应有摆振、路感不灵或其他异常现象。

6.8 机动车在平坦、硬实、干燥和清洁的水泥或沥青道路上行驶，以 10 km/h 的速度在 5 s 之内沿螺旋线从直线行驶过渡到直径为 24 m 的圆周行驶，施加于转向盘外缘的最大切向力不应大于 245 N。

6.9 机动车转向轴最大设计轴荷大于 4 000 kg 时，应采用转向助力装置。装有转向助力装置的机动车，行驶时其转向助力功能不允许出现时有时无的现象，当转向助力装置失效时，仍应具有用转向盘控制机动车的能力。装有电动转向助力装置的汽车，行驶时应保证转向助力装置的电能供应。

6.10 汽车和汽车列车(不计具有作业功能的专用装置的突出部分)、轮式拖拉机运输机组必须能在同一个车辆通道圆内通过，车辆通道圆的外圆直径 D_1 为 25.00 m，车辆通道圆的内圆直径 D_2 为 10.60 m。汽车和汽车列车、轮式拖拉机运输机组由直线行驶过渡到上述圆周运动时，任何部分超出直线行驶时的车辆外侧面垂直面的值(外摆值)不应大于 0.80 m(对铰接客车和铰接式无轨电车外摆值不允许大于 1.20 m)，其试验方法见 GB 1589—2004 附录 A。

6.11 汽车(三轮汽车除外)的车轮定位应符合该车有关技术条件，车轮定位值应在产品使用说明书中标明。对前轴采用非独立悬架的汽车，其转向轮的横向侧滑量，用侧滑台检验时侧滑量值应在 ±5 m/km之间。检验方法见附录 B。

6.12 转向节及臂，转向横、直拉杆及球销不允许有裂纹和损伤，并且球销不应松旷。对机动车进行改装或修理时横、直拉杆不允许拼焊。

7 制动系统(摘录)

7.1 基本要求

机动车应设置足以使其减速、停车和驻车的制动系统或装置。

7.1.2 汽车(三轮汽车除外)应具有应急制动功能。

7.1.3 机动车(两轮、边三轮摩托车和轻便摩托车除外)应具有驻车制动装置。

7.1.4 行车制动的控制装置与驻车制动的控制装置应相互独立。

7.1.5 制动系统应经久耐用，不允许因振动或冲击而损坏。

7.1.6 某些零件，如制动踏板及其支架、制动主缸及其活塞、制动总阀、制动主缸和踏板、制动气室、轮缸及其活塞和制动臂及凸轮轴总成之间的连接杆件应视为不易失效的零部件。这些零部件应易于维修保养。若这些零部件的失效会导致汽车无法达到应急制动规定的性能，则这些零部件都必须用金属材料或具有与金属材料性能相当的材料制造，并且在制动装置正常工作时不应产生明显的变形。

7.1.7 制动系统的各种杆件不允许与其他部件在相对位移中发生干涉、摩擦，以防杆件变形、损坏。

7.1.8 制动管路应为专用的耐腐蚀的高压管路。它们的安装必须保证其具有良好的连续功能、足够的长度和柔性，以适应与之相连接的零件所需要的正常运动，而不致造成损坏；它们必须有适当的安全防护，以避免擦伤、缠绕或其他机械损伤，同时应避免安装在可能与机动车排气管或任何高温源接触的地方。制动软管不允许与其他部件干涉且不应有老化、开裂、被压扁等现象。其他气动装置在出现故障时不允许影响制动系统的正常工作。

7.2 行车制动

行车制动必须保证驾驶人在行车过程中能控制机动车安全、有效地减速和停车。行车制动必须是可控制的，且必须保证驾驶人在其座位上双手无须离开转向盘(或方向把)就能实现制动。

7.2.1 汽车(三轮汽车除外)、摩托车及轻便摩托车、挂车(总质量不大于750 kg的挂车除外)的所有车轮应装备制动器。

7.2.2 行车制动应作用在机动车(三轮汽车、拖拉机运输机组及总质量不大于750 kg的挂车除外)的所有车轮上。

7.2.3 行车制动的制动力应在各轴之间合理分配。

7.2.4 机动车(两轮、边三轮摩托车和轻便摩托车除外)行车制动的制动力应在同一车轴左右轮之间相对机动车纵向中心平面合理分配。

7.2.5 制动器应有磨损补偿装置。制动器磨损后，制动间隙应易于通过手动或自动调节装置来补偿。制动控制装置及其部件以及制动器总成应具备一定的储备行程，当制动器发热或制动衬片的磨损达到一定程度时，在不必立即作调整的情况下，仍应保持有效的制动。

7.2.6 采用真空助力的行车制动系统，当真空助力器失效后，制动系统仍应能保持规定的应急制动性能。

7.2.7 行车制动系统制动踏板的自由行程应符合该车有关技术条件。

7.2.8 行车制动在产生最大制动效能时的踏板力，对于乘用车不应大于500 N；对于其他机动车不应大于700 N。摩托车及轻便摩托车(正三轮摩托车除外)行车制动系统产生最大制动效能的踏板力不应大于400 N，手握力不应大于250 N。

7.2.9 液压行车制动在达到规定的制动效能时，踏板行程不应大于踏板全行程的3/4；制动器装有自动调整间隙装置的机动车的踏板行程不应大于踏板全行程的4/5，且乘用车不应大于120 mm，其他机动车不应大于150 mm。

7.2.10 液压行车制动系统不允许因制动液对制动管路的腐蚀或由于发动机及其他热源的作用形成气阻而影响行车制动系统的功能。

7.2.11 总质量大于12 000 kg的长途客车和旅游客车、总质量大于16 000 kg允许挂接总质量大于10 000 kg的挂车的货车及总质量大于10 000 kg的挂车必须安装符合GB/T 13594规定的防抱制动装置。

注：本条中半挂车的总质量是指半挂车在满载并且和牵引车相连的情况下，通过半挂车的所有车轴垂直作用于地面的静载荷，不包括转移到牵引车牵引座的静载荷。

7.2.12 汽车列车行车制动系统的设计和制造应保证挂车最后轴制动动作滞后于牵引车前轴制动动作的时间不大于0.2 s。

7.3 应急制动

7.3.1 应急制动应保证在行车制动只有一处管路失效的情况下，在规定的距离内将汽车停住。

7.3.2 应急制动可以是行车制动系统具有应急特性或是与行车制动分开的系统。

7.3.3 应急制动应是可控制的，其布置应使驾驶人容易操作，驾驶人在座位上至少用一只手握住转向盘的情况下，就可以实现制动。它的控制装置可以与行车制动的控制装置结合，也可以与驻车制动的控制装置结合。

7.4 驻车制动

7.4.1 驻车制动应能使机动车即使在没有驾驶人的情况下，也能停在上、下坡道上。驾驶人必须在座位上就可以实现驻车制动。对于汽车列车和轮式拖拉机运输机组，若挂车与牵引车脱离，挂车(由轮式拖拉机牵引的装载质量 3 000 kg 以下的挂车除外)应能产生驻车制动。挂车的驻车制动装置应能够由站在地面上的人实施操纵。

7.4.2　驻车制动应通过纯机械装置把工作部件锁止，并且驾驶人施加于操纵装置上的力：手操纵时，乘用车不应大于 400 N，其他机动车不应大于 600 N；脚操纵时，乘用车不应大于 500 N，其他机动车不应大于 700 N。

7.4.3　驻车制动的控制装置的安装位置应适当，其操纵装置应有足够的储备行程(开关类操作装置除外)，一般应在操纵装置全行程的 2/3 以内产生规定的制动效能；驻车制动机构装有自动调节装置时允许在全行程的 3/4 以内达到规定的制动效能。棘轮式制动操纵装置应保证在达到规定驻车制动效能时，操纵杆往复拉动的次数不允许超过三次。

7.4.4　采用弹簧储能制动装置做驻车制动时，应保证在失效状态下能快速解除驻车状态；如需使用专用工具，这种工具应作为随车工具。

7.5　采用液压制动的机动车，在保持踏板力为 700 N(摩托车及轻便摩托车为 400 N)达到 1 min 时，踏板不允许有缓慢向前移动的现象。

7.6　采用气压制动的机动车，在气压升至 600 kPa 且不使用制动的情况下，停止空气压缩机 3 min 后，其气压的降低值不应大于 10 kPa。在气压为 600 kPa 的情况下，将制动踏板踩到底，待气压稳定后观察 3 min，汽车气压降低值不应大于 20 kPa，汽车列车、铰接客车及铰接式无轨电车、轮式拖拉机运输机组气压降低值不应大于 30 kPa。

7.7　采用气压制动的机动车，发动机在 75％的额定转速下，4 min(汽车列车为 6 min，铰接客车和铰接式无轨电车为 8 min)内气压表的指示气压应从零开始升至起步气压(未标起步气压者，按 400 kPa 计)。

7.8　气压制动系统应装有限压装置，以确保贮气筒内气压不超过允许的最高气压。

7.9　汽车(三轮汽车除外)的行车制动应采用双回路或多回路，当部分管路失效后，剩余制动效能仍应能保持原规定值的 30％以上。

7.10　机动车在运行过程中不允许有自行制动现象。当挂车(由轮式拖拉机牵引的装载质量 3 000kg以下的挂车除外)与牵引车意外脱离后，挂车应能自行制动，牵引车的制动仍应有效。

7.11　贮气筒

7.11.1　压缩空气与真空保护：装备贮气筒或真空罐的机动车均应采用单向阀或相应的保护装置，以保证在筒(罐)与压缩空气源(真空源)连接失效或漏损的情况下，由筒(罐)提供的压缩空气(真空度)不致全部丧失。

7.11.2　贮气筒的容量应保证在调压阀调定的最高气压下，且在不继续充气的情况下，机动车在连续五次踩到底的全行程制动后，气压不低于起步气压(未标起步气压者，按 400 kPa 计)。

7.11.3　贮气筒应有排污阀。

7.12　制动报警装置

7.12.1　采用液压制动的机动车，其储液器的加注口必须易于接近，从结构设计上必须保证在不打开容器的条件下就能很容易地检查液面。若不能满足此条件，则必须安装制动液面过低报警装置。

7.12.2　采用液压制动的汽车(三轮汽车和装用单缸柴油机的低速货车除外)，若液压传能装置任一部件失效，应通过红色报警信号灯通知驾驶人，该信号灯不应迟于促动控制装置发亮。只要失效继续存在且点火开关处在开(运行)的位置，该信号灯应保持发亮。但也允许采用当储液器内液面低于制造厂规定值时点亮的红色信号灯。报警信号灯即使在白天也应很醒目，驾驶人在其座位上应能很容易地检查报警信号灯工作是否正常,该装置的失效不应导致制动系统完全丧失制动效能。

7.12.3 采用气压制动的机动车,当制动系统的气压低于起步气压(未标起步气压时按 400 kPa 计)时,报警装置应能连续向驾驶人发出容易听到或看到的报警信号。

7.12.4 安装具有防抱制动装置的汽车,当防抱制动装置失效时,报警装置应能连续向驾驶人发出容易听到或看到的报警信号。

7.13 路试检验制动性能

机动车行车制动性能和应急制动性能检验应在平坦、硬实、清洁、干燥且轮胎与地面间的附着系数不小于 0.7 的水泥或沥青路面上进行。检验时发动机应脱开。

7.13.1 行车制动性能检验

7.13.1.1 用制动距离检验行车制动性能

机动车在规定的初速度下的制动距离和制动稳定性要求应符合表 3 的规定。对空载检验的制动距离有质疑时,可用表 3 规定的满载检验制动距离要求进行。

制动距离:是指机动车在规定的初速度下急踩制动时,从脚接触制动踏板(或手触动制动手柄)时起至机动车停住时止机动车驶过的距离。

制动稳定性要求:是指制动过程中机动车的任何部位(不计入车宽的部位除外)不允许超出规定宽度的试验通道的边缘线。

表 3　　制动距离和制动稳定性要求

机动车类型	制动初速度 /(km/h)	满载检验制动距离要求/m	空载检验制动距离要求/m	试验通道宽度 /m
三轮汽车	20	≤5.0		2.5
乘用车	50	≤20.0	≤19.0	2.5
总质量不大于 3 500 kg 的低速货车	30	≤9.0	≤8.0	2.5
其他总质量不大于 3 500 kg 的汽车	50	≤22.0	≤21.0	2.5
其他汽车、汽车列车	30	≤10.0	≤9.0	3.0
两轮摩托车	30	≤7.0		—
边三轮摩托车	30	≤8.0		2.5
正三轮摩托车	30	≤7.5		2.3
轻便摩托车	20	≤4.0		—
轮式拖拉机运输机组	20	≤6.5	≤6.0	3.0
手扶变型运输机	20	≤6.5		2.3

7.13.1.2 用充分发出的平均减速度检验行车制动性能

汽车、汽车列车在规定的初速度下急踩制动时充分发出的平均减速度及制动稳定性要求应符合表 4 的规定,且制动协调时间对液压制动的汽车不应大于 0.35 s,对气压制动的汽车不应大于 0.60 s,对汽车列车、铰接客车和铰接式无轨电车不应大于 0.80 s。对空载检验的充分发出的平均减速度有质疑时,可用表 4 规定的满载检验充分发出的平均减速度进行。充分发出的平均减速度为

$$MFDD = v_b^{2} - v_e^{2} / [25.92 \times (S_e - S_b)] \qquad (2)$$

式中 $MFDD$——充分发出的平均减速度，m/s^2；

v_0——试验车制动初速度，km/h；

v_b——$0.8v_0$，试验车速，km/h；

v_e——$0.1v_0$，试验车速，km/h；

S_b——试验车速从 v_0 到 v_b 之间车辆行驶的距离，m；

S_e——试验车速从 v_0 到 v_e 之间车辆行驶的距离，m。

制动协调时间：是指在急踩制动时，从脚接触制动踏板（或手触动制动手柄）时起至机动车减速度（或制动力）达到表 4 规定的机动车充分发出的平均减速度（或表 6 所规定的制动力）的 75％时所需的时间。

表 4　　制动减速度和制动稳定性要求

机动车类型	制动初速度/(km/h)	满载检验充分发出的平均减速度/(m/s^2)	空载检验充分发出的平均减速度/(m/s^2)	试验通道宽度/m
三轮汽车	20	≥3.8		2.5
乘用车	50	≥5.9	≥6.2	2.5
总质量不大于 3 500 kg 的低速货车	30	≥5.2	≥5.6	2.5
其他总质量不大于 3 500 kg 的汽车	50	≥5.4	≥5.8	2.5
其他汽车、汽车列车	30	≥5.0	≥5.4	3.0

7.13.1.3　进行制动性能检验时的制动踏板力或制动气压应符合以下要求：

a. 满载检验时

气压制动系统：气压表的指示气压≤额定工作气压；

液压制动系统：踏板力，乘用车≤500 N；

其他机动车≤700 N。

b. 空载检验时

气压制动系统：气压表的指示气压≤600 kPa；

液压制动系统：踏板力，乘用车≤400 N；

其他机动车≤450 N。

7.13.2　应急制动性能检验

汽车（三轮汽车除外）在空载和满载状态下，按表 5 所列初速度进行应急制动性能检验，应急制动性能应符合表 5 的要求。

7.13.3　驻车制动性能检验

在空载状态下，驻车制动装置应能保证机动车在坡度为 20％（对总质量为整备质量的 1.2 倍以下的机动车为 15％）、轮胎与路面间的附着系数不小于 0.7 的坡道上正、反两个方向保持固定不动，其时间不应少于 5 min。对于允许挂接挂车的汽车，其驻车制动装置必须能使汽车列车在满载状态下时能停在坡度为 12％的坡道（坡道上轮胎与路面间的附着系数不应小于 0.7）上。

检验时操纵力按 7.4.2 规定。

注：在规定的测试状态下，机动车使用驻车制动装置能停在坡度值更大且附着力符合要求的试验坡道上时，应视为达到了驻车制动性能检验规定的要求。

表 5　　应急制动性能要求

机动车类型	制动初速度/(km/h)	制动距离/m	充分发出的平均减速度/(m/s^2)	允许操纵力不应大于/N	
				手操纵	脚操纵
乘用车	50	≤38.0	≥2.9	400	500
客车	30	≤18.0	≥2.5	600	700
其他汽车(三轮汽车除外)	30	≤20.0	≥2.2	600	700

7.14　台试检验制动性能

7.14.1　行车制动性能检验

7.14.1.1　汽车、汽车列车在制动检验台上测出的制动力应符合表 6 的要求。对空载检验制动力有质疑时,可用表 6 规定的满载检验制动力要求进行检验。

检验时制动踏板力或制动气压按 7.13.1.3 的规定。

表 6　　台试检验制动力要求

机动车类型	制动力总和与整车重量的百分比		轴制动力与轴荷①的百分比	
	空载	满载	前轴	后轴
三轮汽车	≥45		—	≥60②
乘用车、总质量不大于 3 500 kg 的货车	≥60	≥50	≥60②	≥20②
其他汽车、汽车列车	≥60	≥50	≥60②	—
摩托车	—	—	≥60	≥55
轻便摩托车	—	—	≥60	≥50

注:① 用平板制动检验台检验乘用车时应按动态轴荷计算;
② 空载和满载状态下测试均应满足此要求。

7.14.1.2　制动力平衡要求(两轮、边三轮摩托车和轻便摩托车除外)

在制动力增长全过程中同时测得的左右轮制动力差的最大值,与全过程中测得的该轴左右轮最大制动力中大者之比,对前轴不应大于 20%,对后轴(及其他轴)在轴制动力不小于该轴轴荷的 60%时不应大于 24%;当后轴(及其他轴)制动力小于该轴轴荷的 60%时,在制动力增长全过程中同时测得的左右轮制动力差的最大值不应大于该轴轴荷的 8%。

7.14.1.3　汽车的制动协调时间,对液压制动的汽车不应大于 0.35 s,对气压制动的汽车不应大于 0.60s;汽车列车和铰接客车、铰接式无轨电车的制动协调时间不应大于 0.80 s。

7.14.1.4　汽车车轮阻滞力要求:进行制动力检验时各车轮的阻滞力均不应大于车轮所在轴轴荷的 5%。

7.14.2　驻车制动性能检验

当采用制动检验台检验汽车和正三轮摩托车驻车制动装置的制动力时,机动车空载,乘坐一名驾驶人,使用驻车制动装置,驻车制动力的总和不应小于该车在测试状态下整车重量的 20%(对总质量为整备质量 1.2 倍以下的机动车为不小于 15%)。

7.14.3　当机动车经台架检验后对其制动性能有质疑时,可用 7.13 规定的路试检验进行复检,并以满载路试的检验结果为准。

7.15 机动车制动性能检验方法见附录C。

7.16 汽车制动完全释放时间(从松开制动踏板到制动消除所需要的时间)不应大于0.80 s。

8 照明、信号装置和其他电气设备(摘录)

8.1 基本要求

机动车的灯具应安装牢靠、完好有效,不允许因机动车振动而松脱、损坏、失去作用或改变光照方向;所有灯光的开关应安装牢固、开关自如,不允许因机动车振动而自行开关。开关的位置应便于驾驶人操纵。除转向信号灯、危险警告信号及消防车、救护车、工程救险车和警车安装使用的标志灯具外,其他外部灯具不允许闪烁。

8.2 照明和信号装置的数量、位置、光色和最小几何可见度

8.2.1 汽车(三轮汽车和装用单缸柴油机的低速货车除外)及挂车的外部照明和信号装置的数量、位置、光色、最小几何可见度应符合GB 4785的规定。

8.2.5 机动车必须装置后反射器。挂车及车长大于6 m的机动车应安装侧反射器和侧标志灯。反射器应与机动车牢固连接,且应能保证夜间在其正后方150 m处用汽车前照灯照射时,在照射位置就能确认其反射光。

8.2.6 空载高大于3.00 m或宽度大于2.10 m的机动车均应安装示宽灯。

8.2.7 总质量不小于12 000 kg的货车和总质量大于3 500 kg的挂车应在后部设置车身反光标识,后部的车身反光标识应能体现机动车后部宽度。车长不小于10 m的货车和总质量大于3 500 kg的挂车都应在侧面设置车身反光标识,车身反光标识的长度不应小于车长的50%。

8.2.8 车身反光标识的粘贴技术规范及车身反光标识材料应符合GA 406的规定。

8.2.9 牵引杆挂车应在挂车前部的左右各装一只前白后红的标志灯,其高度应比牵引杆挂车的前栏板高出300～400 mm,距车厢外侧应小于150 mm。

8.2.10 附加的灯具、反射器或附属装置不允许影响本标准规定安装的灯具和信号装置的性能且不应对其他的道路使用者造成不利影响。

8.3 照明和信号装置的一般要求

8.3.1 机动车(手扶拖拉机运输机组除外)的前位灯、后位灯、示宽灯(若安装)、侧标志灯(若安装)、挂车标志灯(若安装)、牌照灯和仪表灯应能同时启闭,当前照灯关闭和发动机熄火时仍应能点亮。汽车和挂车的电路连接应保证前位灯、后位灯、示宽灯(若安装)、侧标志灯(若安装)和牌照灯只能同时打开或关闭,但当前位灯、后位灯、侧标志灯作为驻车灯使用(复合或混合)时,则上述情况不适用。

8.3.2 机动车的前、后转向信号灯、危险警告信号及制动灯白天在距其100 m处应能观察到其工作状况,侧转向信号灯白天在距30 m处应能观察到其工作状况;前、后位置灯、示宽灯、挂车标志灯夜间好天气时在距其300 m处应能观察到其工作状况;后牌照灯夜间好天气时在距其20 m处应能看清牌照号码。制动灯的发光强度应明显大于后位灯。

8.3.3 对称设置、功能相同的灯具的光色和亮度不应有明显差异。

8.3.4 机动车照明和信号装置的任一条线路出现故障,不允许干扰其他线路的正常工作。

8.3.5 驾驶区的仪表板应采用不反光的面板或护板,车内照明装置及其在风窗玻璃、视镜、仪表盘等处的反射光线不应使驾驶人眩目。

8.3.6 仪表板上应设置仪表灯。仪表灯点亮时,应能照清仪表板上所有的仪表且不应眩目。

8.3.7 汽车(三轮汽车和装用单缸柴油机的低速货车除外)仪表板上应设置与行驶方向相适应的转向指示信号和蓝色远光指示信号。

8.3.8 汽车(三轮汽车除外)和轮式拖拉机运输机组均应具有危险警告信号装置,其操纵装置不应受灯光总开关的控制。对于牵引挂车的汽车,危险警告信号控制开关也应能打开挂车上的所有转向信号灯,即使在发动机不工作的情况下,仍应能发出危险警告信号。危险警告信号和转向信号灯的闪光频率应为(1.5±0.5)Hz,起动时间不应大于1.5s。

8.3.9 客车应设置车厢灯和门灯。车长大于6 m的客车应至少有两条车厢照明电路,仅用于进出口处的照明电路可作为其中之一。当一条电路失效时,另一条仍应能正常工作,以保证车内照明。车厢灯和门灯不应影响驾驶人的视线和其他机动车的正常行驶。

8.4 前照灯

8.4.1 在正常使用条件下,机动车前照灯光束照射位置应保持稳定。

8.4.2 装有前照灯的机动车应有远、近光变换装置,并且当远光变为近光时,所有远光应能同时熄灭。同一辆机动车上的前照灯不允许左、右的远、近光灯交叉开亮。

8.4.3 前照灯的远、近光灯上下并列设置时,近光灯应位于上侧,其他情况下近光灯应位于外侧。

8.4.4 所有前照灯的近光都不允许炫目。

8.4.5 汽车(三轮汽车除外)、摩托车及轻便摩托车装用的前照灯应分别符合GB 4599、GB 5948及GB19152的规定。

8.4.6 远光光束发光强度

机动车每只前照灯的远光光束发光强度应达到表7的要求。测试时,其电源系统应处于充电状态。

表7 前照灯远光光束发光强度最小值要求 单位:坎德拉

<table>
<tr><th colspan="2" rowspan="3">机动车类型</th><th colspan="6">检查项目</th></tr>
<tr><th colspan="3">新注册车</th><th colspan="3">在用车</th></tr>
<tr><th>一灯制</th><th>两灯制</th><th>四灯制[①]</th><th>一灯制</th><th>两灯制</th><th>四灯制[①]</th></tr>
<tr><td colspan="2">三轮汽车</td><td>8 000</td><td>6 000</td><td>—</td><td>6 000</td><td>5 000</td><td>—</td></tr>
<tr><td colspan="2">最高设计车速小于70 km/h的汽车</td><td>—</td><td>10 000</td><td>8 000</td><td>—</td><td>8 000</td><td>6 000</td></tr>
<tr><td colspan="2">其他汽车</td><td>—</td><td>18 000</td><td>15 000</td><td>—</td><td>15 000</td><td>12 000</td></tr>
<tr><td colspan="2">摩托车</td><td>10 000</td><td>8 000</td><td>—</td><td>8 000</td><td>6 000</td><td>—</td></tr>
<tr><td colspan="2">轻便摩托车</td><td>4 000</td><td>—</td><td>—</td><td>3 000</td><td>—</td><td>—</td></tr>
<tr><td rowspan="2">拖拉机运输机组</td><td>标定功率>18 kW</td><td>—</td><td>8 000</td><td>—</td><td>—</td><td>6 000</td><td>—</td></tr>
<tr><td>标定功率≤18 kW</td><td>6 000[②]</td><td>6 000</td><td>—</td><td>5 000[②]</td><td>5 000</td><td>—</td></tr>
</table>

注:① 四灯制是指前照灯具有四个远光光束;采用四灯制的机动车其中两只对称的灯达到两灯制的要求时视为合格;
② 允许手扶拖拉机运输机组只装用一只前照灯。

8.4.7 光束照射位置要求

8.4.7.1 在检验前照灯近光光束照射位置时,前照灯照射在距离10 m的屏幕上时,乘用车前照灯近光光束明暗截止线转角或中点的高度应为$0.7H$～$0.9H$(H为前照灯基准中心高度,下同),其他机动车(拖拉机运输机组除外)应为$0.6H$～$0.8H$。机动车(装用一只前照灯的机动车除外)前照灯近光光束水平方向位置向左偏不允许超过170 mm,向右偏不允许超过350 mm。

8.4.7.2 轮式拖拉机运输机组装用的前照灯近光光束的照射位置,按照上述方法检验时,要求在屏幕上光束中点的离地高度不允许大于$0.7H$;水平位置要求,向右偏移不允许超过350 mm,不允许向左偏移。

8.4.7.3　在检验前照灯远光光束及远光单光束灯照射位置时，前照灯照射在距离 10 m 的屏幕上时，要求在屏幕光束中心离地高度，对乘用车为 0.9H～1.0H，对其他机动车为 0.8H～0.95H；机动车(装用一只前照灯的机动车除外)前照灯远光光束水平位置要求，左灯向左偏不允许超过 170 mm，向右偏不允许超过 350 mm，右灯向左或向右偏均不允许超过 350 mm。

8.4.7.4　前照灯光束照射位置检验方法见附录 D。

8.5　其他电气设备和仪表

8.5.1　喇叭性能要求

8.5.1.1　机动车(手扶拖拉机运输机组除外)应设置具有连续发声功能的喇叭，其工作应可靠。

8.5.1.2　机动车喇叭声级在距车前 2 m、离地高 1.2 m 处测量时，其值对发动机最大净功率为 7 kW 以下的摩托车及轻便摩托车为 80～112 dB(A)，对其他机动车为 90～115 dB(A)。

8.5.2　发电机技术性能应良好。蓄电池应能保持常态电压。电器导线应具有阻燃性能，所有电器导线均应捆扎成束、布置整齐、固定卡紧、接头牢固并有绝缘套，在导线穿越孔洞时应装设绝缘套管。

8.5.3　三轮汽车、装用单缸柴油机的低速货车和轮式拖拉机运输机组应装有机油压力表(或机油压力指示器)、水温表(蒸发式水冷却系统除外)、电流表或充电指示器；其他汽车应装有水温表或水温报警灯、电流表(或电压表、充电指示灯)、燃料表(对气体燃料汽车为气量显示装置，对电动汽车为动力蓄电池电量显示装置)、车速里程表和机油压力表(或油压报警灯)等各种仪表及开关，并应保持灵敏有效。采用气压制动系统的机动车，还应装有气压表。摩托车及轻便摩托车应装有车速里程表。

8.5.4　车长大于 6 m 的客车应设置电源总开关，个别未经过电源总开关的线路(如危险警告信号线路)应设置保险装置。

8.5.5　长途客车和旅游客车、半挂牵引车、总质量不小于 12 000 kg 的货车应安装具备记录、存储、显示、打印车辆行驶速度、时间、里程等车辆行驶状态信息的行驶记录装置；安装数字式电子记录装置，其技术要求应符合 GB/T 19056 的有关规定。

9　行驶系统

9.1　轮胎要求

9.1.1　轮胎胎冠花纹深度：乘用车、摩托车及轻便摩托车和挂车轮胎胎冠上花纹深度不允许小于 1.6 mm，其他机动车转向轮的胎冠花纹深度不允许小于 3.2 mm；其余轮胎胎冠花纹深度不允许小于 1.6 mm。

9.1.2　轮胎胎面不允许因局部磨损而暴露出轮胎帘布层。轮胎不允许有影响使用的缺损、异常磨损和变形。

9.1.3　轮胎的胎面和胎壁上不允许有长度超过 25 mm 或深度足以暴露出轮胎帘布层的破裂和割伤。

9.1.4　同一轴上的轮胎规格和花纹应相同，轮胎规格应符合整车制造厂的出厂规定。

9.1.5　机动车转向轮不允许装用翻新的轮胎。

9.1.6　机动车所装用轮胎的速度级别不应低于该车最高设计车速的要求。

9.1.7　双式车轮的轮胎的安装应便于轮胎充气，双式车轮的轮胎之间应无夹杂的异物。

9.1.8　乘用车用轮胎应有胎面磨耗标志。乘用车备胎规格与该车其他轮胎不同时，应在备胎附近明显位置(或其他适当位置)装置能永久保持的标识，以提醒驾驶人正确使用备胎。

9.2　轮胎负荷不应大于该轮胎的额定负荷，轮胎气压应符合该轮胎承受负荷时规定的压力。具有轮胎气压自动充气装置的汽车，其自动充气装置应能确保轮胎气压符合出厂规定。

9.3　车轮总成的横向摆动量和径向跳动量

总质量不大于 3 500 kg 的汽车不应大于 5 mm;摩托车及轻便摩托车不应大于 3 mm;其他机动车不应大于 8 mm。

9.4 最高设计车速大于 100 km/h 的机动车,其车轮的动平衡要求应符合有关技术条件的规定。

9.5 轮胎螺母和半轴螺母应完整齐全,并应按规定力矩紧固。

9.6 悬架系统各球关节的密封件不允许有切口或裂纹,稳定杆应连接可靠,结构件不允许有变形或残损。钢板弹簧不允许有裂纹和断片现象,同一轴上的弹簧形式和规格应相同,其弹簧形式和规格应符合产品使用说明书中的规定。中心螺栓和 U 形螺栓应紧固、无裂纹且不允许拼焊。钢板弹簧卡箍不允许拼焊或残损。

9.7 减振器应齐全有效,减振器不允许有明显渗漏油现象。

9.8 最高设计车速大于 100 km/h 且轴荷不大于 1 500 kg 的乘用车,其悬架特性应符合 GB 18565 的有关规定。

9.9 车架不应有变形、锈蚀和裂纹,螺栓和铆钉不应缺少或松动。

9.10 前、后桥不应有变形和裂纹。

9.11 车桥与悬架之间的各种拉杆和导杆不应变形,各接头和衬套不应松旷或移位。

10 传动系统(摘录)

10.1 离合器

10.1.1 机动车的离合器应接合平稳,分离彻底,工作时不允许有异响、抖动或不正常打滑等现象。

10.1.2 踏板自由行程应符合整车技术条件的有关规定。

10.1.3 离合器彻底分离时,踏板力不应大于 300 N(拖拉机运输机组不应大于 350 N),手握力不应大于 200 N。

10.2 变速器和分动器

10.2.1 换挡时齿轮应啮合灵便,互锁、自锁和倒挡锁装置应有效,不允许有乱挡和自行跳挡现象;运行中应无异响;换挡杆及其传动杆件不应与其他部件干涉。

10.2.2 在换挡杆上应有驾驶人在驾驶座位上即可容易识别变速器和分动器挡位位置的标志。若换挡杆上难以布置,则应布置在换挡杆附近易见部位。

10.2.3 有分动器的机动车,应在挡位位置标牌或产品使用说明书上说明连通分动器的操作步骤。

10.2.4 如果电动汽车是通过改变电机旋转方向来实现倒车行驶,且前进和倒车两个行驶方向的转换仅通过驾驶人的一个操作动作来完成,应通过设计保证只有在车辆静止或低速时才能够实现转换。

10.3 传动轴

传动轴在运转时不允许发生振抖和异响,中间轴承和万向节不允许有裂纹和松旷现象。发动机前置后驱动的客车的传动轴在车厢地板的下面沿纵向布置时,应有防止传动轴滑动连接(花键或其他类似装置)脱落或断裂等故障而引起危险的防护装置。

10.4 驱动桥

驱动桥壳、桥管不允许有变形和裂纹,驱动桥工作应正常且不允许有异响。

11 车身(摘录)

11.1 车身的技术状况应能保证驾驶人有正常的工作条件和客货安全。

11.2 车身和驾驶室应坚固耐用,覆盖件无开裂和锈蚀。车身和驾驶室在车架上的安装应牢固,不能因机动车振动而引起松动。对于可翻转驾驶室,应有驾驶室锁止装置(如安全钩),并且在翻转操纵机构附近易见部位应有提醒驾驶人如何正确使用该操纵机构的文字。

11.6 车门和车窗

11.6.1 车门和车窗应启闭轻便，不允许有自行开启现象，门锁应牢固可靠。门窗应密封良好，无漏水现象。

11.6.2 采用动力开启的乘客门，在有故障的情况下，仍应能简便地靠手动来开关，对长途客车和旅游客车还应有醒目的标志和使用方法。

11.6.3 机动车的门窗必须使用符合 GB 9656 规定的安全玻璃。汽车和有驾驶室的正三轮摩托车的前风窗玻璃应采用夹层玻璃或塑玻复合材料，不以载人为目的的机动车（如货车）可使用区域钢化玻璃，最高设计车速小于 40 km/h 时可使用钢化玻璃；其他车窗可采用夹层玻璃、钢化玻璃、中空安全玻璃或塑玻复合材料。作为安全窗的车窗不允许使用夹层玻璃，应使用可砸碎的安全玻璃。

11.6.4 机动车驾驶室必须保证驾驶人的前方视野和侧方视野，前风窗玻璃及风窗以外玻璃用于驾驶人视区部位的可见光透射比不允许小于 70%。所有车窗玻璃不允许张贴镜面反光遮阳膜。

注： 风窗以外玻璃驾驶人视区部位是指驾驶人驾驶时用于观察后视镜的部位。

11.6.6 装有电动门窗的机动车，其控制装置应确保车窗玻璃在上升过程中能在任意位置可靠停住或遇障碍可自动下降。

12 安全防护装置（摘录）

12.1 汽车安全带

12.1.1 乘用车的所有座椅（第三排及第三排以后的可折叠座椅除外）均应装置汽车安全带，座位数不大于 20（含驾驶人座位，下同）或者车长不大于 6 m 的客车及最高设计车速不小于 100 km/h 的货车和半挂牵引车的前排座椅应装置汽车安全带。长途客车和旅游客车的驾驶人座椅、前面没有座椅的座椅及前面护栏不能起到必要防护作用的座椅应装置汽车安全带；当（同向）座椅的座间距大于 1 000 mm 且坐垫前面沿座椅纵向不大于 600 mm 的范围内没有能起到防护作用的护栏或其他物体时，也应装置汽车安全带。

12.1.2 卧铺客车的每个铺位均应安装两点式汽车安全带。

12.1.3 汽车安全带应可靠有效，安装位置应合理，固定点应有足够的强度。

12.2 车外后视镜和前下视镜

12.2.1 机动车（挂车除外）应在左右至少各设置一面后视镜。汽车后视镜的性能和安装要求应符合 GB15084 的规定，摩托车及轻便摩托车后视镜的性能和安装要求应符合 GB 17352 的规定。机动车（不带驾驶室的摩托车及轻便摩托车除外）外后视镜的安装位置和角度应保证驾驶人能看清车身左右外侧、车后 50 m 以内的交通情况。

12.2.2 车长大于 6 m 的平头货车和平头客车车前还应至少设置一面前下视镜，前下视镜应保证驾驶人能看清风窗玻璃前下方长 1.5 m、宽 3 m 范围内的情况。

12.2.3 车外后视镜和前下视镜应易于调节，并能有效保持其位置。

12.2.4 安装在外侧距地面 1.8 m 以下的后视镜，当行人等接触该镜时，应具有能缓和冲击的功能。

12.3 前风窗玻璃刮水器

12.3.1 机动车的前风窗玻璃应装备刮水器，其刮刷面积应确保驾驶人具有良好的前方视野。

12.3.2 刮水器应能正常工作。

12.3.3 刮水器关闭时，刮片应能自动返回至初始位置（拖拉机运输机组除外）。

12.4 汽车驾驶室内应设置防止阳光直射而使驾驶人产生炫目的装置，且该装置在汽车碰撞时，不应对驾驶人造成伤害。

12.5 乘用车前风窗玻璃应装有除雾、除霜装置。

12.7 燃料系统的安全保护

12.7.1 燃料箱及燃料管路应坚固并固定牢靠，不会因振动和冲击而发生损坏和漏油现象。

12.7.2 燃料箱的加油口及通气口应保证在机动车晃动时不漏油。

12.7.3 机动车(摩托车和轻便摩托车及装用单缸柴油机的汽车除外)的燃料系统不允许用重力或虹吸方法直接向化油器或喷油器供油。

12.7.4 燃料箱的加油口和通气口不允许对着排气管的开口方向，且应距排气管的出气口端 300 mm 以上，否则应设置有效的隔热装置。燃料箱的加油口和通气口应距裸露的电气接头及外部可能产生火花的电气开关 200 mm 以上。车长大于 6 m 的客车的燃料箱的加油口和通气口应距排气管的任一部位 300 mm 以上。

12.7.5 汽车燃料箱各部分不允许前伸至前置汽油发动机的前端面。车长大于 6 m 的客车燃料箱距客车前端面不应小于 600 mm，距客车后端面不应小于 300 mm。不允许用户加装燃料箱。

12.7.6 机动车燃料箱的通气口和加油口不允许设置在有乘员的车厢内。

12.8 气体燃料专用装置的安全防护

12.8.1 气体燃料的供给系统应有有效的安全保护结构措施，以防止气体泄漏，如高压过流保护装置。

12.8.2 对于两用燃料汽车，应设置燃料转换系统并安装燃料转换开关。在燃料控制上，应具有当发动机突然停止运转时，即使点火开关打开也能自动切断气体燃料供给的功能。燃料转换开关的安装位置应便于驾驶人操作，其挡位标记应明显，能分别控制供油、供气两种状态。气体燃料和汽油电磁阀的操作均应由燃料转换开关统一控制；当电流被切断时，电磁阀应处于"关闭"位置。

12.8.3 车用压缩天然气气瓶应符合相关标准规定，压缩天然气管路应采用不锈钢管或其他车用高压天然气专用管路；车用液化石油气气瓶应符合相关标准规定，高压管路应采用液化石油气专用管路。

12.8.4 气瓶应被安全地固定在车上，安装气瓶的固定座应具有阻止气瓶旋转、移动的能力，固定座应便于拆装工作。气瓶安装后其强度和刚度不允许下降，车架(车身)结构强度也不应受影响。

注：车用压缩天然气气瓶和车用液化石油气气瓶等统称为"气瓶"。

12.8.5 气瓶安装位置应远离热源，必要时应采取隔热措施。在任何情况下，气瓶及其所有高压管路和高压接头与发动机排气管和传动轴的任何部位之间的距离不允许小于 75 mm；当两者的距离在 75～200 mm 之间时，应设置固定可靠的隔热装置。

12.8.6 气瓶应安装在通风位置或采取有效的通风措施。

12.8.7 气瓶与汽车后轮边缘的距离不应小于 200 mm。气瓶安装在汽车车架下时，气瓶下方应采取有效防护措施且气瓶及其附件不允许布置在汽车前轴之前。

12.8.8 气瓶不允许直接安装在驾驶室、载人车厢和货箱内。当不得不安装在上述部位时，必须设置防护罩并将气瓶与驾驶室或载人车厢有效分离。隔离装置应有很强的防护功能，当车辆受到冲撞时，隔离装置应能有效地防止气瓶冲入驾驶室或载人车厢或货箱内。

12.8.9 气瓶的安装和保护罩的设置，应能保证气瓶集成阀的正常操作和检查。

12.8.10 手动截止阀和调压器应符合有关规定。手动截止阀应安装在气瓶到调压器之间易于操作的位置，阀体不允许直接安装在驾驶室内。

12.8.11 气瓶至调压器之间应安装滤清装置，并易于检查、清洗和更换。

12.8.12 高压管路的特殊部位(如相对移动的部件之间)应采用柔性管线，其余部位应采用刚性管线。

12.8.13 刚性高压管路应排列整齐、布置合理、固定有效,不允许与相邻部件碰撞和摩擦,所有高压管路和高压管接头应得到有效的保护,高压管接头应安装在能看得见且操作者易于接近的位置。

12.8.14 所有管路接头处均不应出现漏气现象,检验方法见附录E。

12.9 机动车发动机的排气管口不允许指向车身右侧。

12.10 专门用于运送易燃和易爆物品的道路运输危险货物车辆,应在驾驶室上方安装红色标志灯,车上应备有消防器材并具有相应的安全措施。排气管应装在车身前部,机动车尾部应安装接地装置。

12.11 客车应装备灭火器,灭火器在车上应安装牢靠并便于取用。

12.12 汽车(三轮汽车除外)应装备符合GB 19151规定的三角警告牌,三角警告牌在车上应妥善放置。

12.13 乘用车和车长小于6 m的客车前后部应设置保险杠,货车(三轮汽车除外)应设置前保险杠。

12.14 机动车的货箱或其他载货装置,其构造应保证安全、稳妥地装载货物。

12.15 货车货箱(自卸车、装载质量1 000 kg以下的货车除外)前部应安装比驾驶室高至少70 mm的安全架。

12.16 无驾驶室的三轮汽车货箱前部应安装具有足够强度的安全架,其高度应高出驾驶人坐垫平面至少800 mm。

12.17 驾驶人和货物同在一个车厢内的厢式车,在最后排座位的后方应安装具有足够强度的隔离装置。

13 消防车、救护车、工程救险车和警车的附加要求

13.1 消防车的车身颜色应为符合GB/T 3181规定的R03大红色。

13.2 救护车的车身颜色应为白色,左、右侧及车后正中应喷符合规定的图案。

13.3 工程救险车的车身颜色应为符合GB/T 3181规定的Y07中黄色,其车身两侧应喷工程救险字样。

13.4 警车的车身颜色应符合有关规定。

13.5 消防车、救护车、工程救险车和警车应装备与其功能相适应的装置,各装置应布局合理、固定可靠。

13.6 消防车、救护车、工程救险车和警车安装使用的警报器应符合GB 8108的规定,安装使用的标志灯具应符合GB 13954的规定,警报器和标志灯具应固定可靠。

14 机动车环保要求

14.1 机动车排气污染物排放应符合相关标准的规定。

14.2 机动车车外噪声应符合相关标准的规定。

14.3 汽车(三轮汽车和低速货车除外)驾驶人耳旁噪声声级不应大于90 dB(A),其检验方法见附录F。

14.4 三轮汽车和低速货车的驾驶人耳旁噪声声级应符合相关标准的规定。

14.5 客车以50 km/h的速度匀速行驶时,客车车内噪声不应大于79 dB(A),其检验方法按GB/T18697—2002的规定执行。

附录 A
(规范性附录)
车速表指示误差检验方法

A.1 车速表指示误差的检验宜在滚筒式车速表检验台上进行。对于无法在车速表检验台上检验车速表指示误差的机动车(如全时四轮驱动汽车、具有驱动防滑控制装置的汽车等)可路试检验车速表指示误差。

A.2 将被测机动车的车轮驶上车速表检验台的滚筒上使之旋转,当该机动车车速表的指示值(V_1)为 40 km/h 时,车速表检验台速度指示仪表的指示值(V_2)为 32.8～40 km/h 范围内为合格。

当车速表检验台速度指示仪表的指示值(V_2)为 40 km/h 时,读取该机动车车速表的指示值(V_1),当 V_1 的读数在 40～48 km/h 范围内时为合格。

附录 B
(规范性附录)
转向轮横向侧滑量检验方法

B.1 转向轮横向侧滑量的检验应在侧滑检验台上进行。

B.2 将汽车对正侧滑检验台,并使转向盘处于正中位置。

B.3 使汽车沿台板上的指示线以 3～5 km/h 车速平稳前行,在行进过程中,不允许转动转向盘。

B.4 转向轮通过台板时,测取横向侧滑量。

附录 C
(规范性附录)
制动性能检验方法

C.1 路试制动性能检验方法

C.1.1 路试检验制动性能应在平坦(坡度不应大于 1%)、干燥和清洁的硬路面(轮胎与路面之间的附着系数不应小于 0.7)上进行。

C.1.2 在试验路面上画出表 3 规定宽度的试验通道的边线,被测机动车沿着试验车道的中线行驶至高于规定的初速度后,置变速器于空挡(自动变速的机动车可置变速器于 D 挡),当滑行到规定的初速度时,急踩制动,使机动车停止。

C.1.3 用制动距离检验行车制动性能时,采用速度计、第五轮仪或用其他测试方法测量机动车的制动距离,对除气压制动外的机动车还应同时测取踏板力(或手操纵力)。

C.1.4 用充分发出的平均减速度检验行车制动性能时,采用能够测取充分发出的平均减速度(MFDD)和制动协调时间的仪器测量机动车充分发出的平均减速度(MFDD)和制动协调时间,对除气压制动外的机动车还应同时测取踏板力(或手操纵力)。

C.2 台试制动性能检验方法

C.2.1 用滚筒式制动检验台检验

滚筒式制动检验台滚筒表面应干燥，没有松散物质及油污，滚筒表面当量附着系数不应小于0.75。

驾驶人将机动车驶上滚筒，位置摆正，置变速器于空挡。起动滚筒，在2 s后测取车轮阻滞力；使用制动，测取制动力增长全过程中的左右轮制动力差和各轮制动力的最大值，并记录左右车轮是否抱死。

在测量制动时，为了获得足够的附着力，允许在机动车上增加足够的附加质量或施加相当于附加质量的作用力（附加质量或作用力不计入轴荷）。

在测量制动时，可以采取防止机动车移动的措施（如加三角垫块或采取牵引等方法）。当采取上述方法之后，仍出现车轮抱死并在滚筒上打滑或整车随滚筒向后移出的现象，而制动力仍未达到合格要求时，应改用本标准中规定的其他方法进行检验。

C.2.2 用平板制动检验台检验

制动检验台平板表面应干燥，没有松散物质及油污，平板表面附着系数不应小于0.75。

驾驶人将机动车对正平板制动检验台，以5～10 km/h的速度（或制动检验台制造厂家推荐的速度）行驶，置变速器于空挡（自动变速的机动车可置变速器于D挡），急踩制动，使机动车停止，测取7.14所要求的参数值。

C.3 检验方法的选择

机动车安全技术检验时机动车制动性能的检验宜采用滚筒反力式制动检验台或平板制动检验台检验制动性能，其中前轴驱动的乘用车更适合采用平板制动检验台检验制动性能。

不宜采用制动检验台检验制动性能的机动车及对台试制动性能检验结果有质疑的机动车应路试检验制动性能。

对满载/空载两种状态时后轴轴荷之比大于2.0的货车和半挂牵引车，宜加载（或满载）检验制动性能，此时所加载荷应计入轴荷和整车重量。加载至满载时，整车制动力百分比应按满载检验考核；若未加载至满载，则整车制动力百分比应根据轴荷按满载检验和空载检验的加权值考核。

附录D
（规范性附录）
前照灯光束照射位置检验方法

D.1 屏幕法：在屏幕上检查

检查用场地应平整，屏幕与场地应垂直。被检验的机动车应空载、轮胎气压正常、乘坐一名驾驶人的条件下进行。将机动车停置于屏幕前，并与屏幕垂直，使前照灯基准中心距屏幕10 m，在屏幕上确定与前照灯基准中心离地面距离H等高的水平基准线及以机动车纵向中心平面在屏幕上的投影线为基准确定的左右前照灯基准中心位置线。分别测量左右远近光束的水平和垂直照射方位的偏移值。

D.2 用前照灯检测仪检验

将被检验的机动车按规定距离与前照灯检测仪对正（宜使用车辆摆正装置），从前照灯检测仪的显示屏上分别测量左右远、近光束的水平和垂直照射方位的偏移值。

D.3 检验方法的选择

机动车安全技术检验时宜采用前照灯检测仪检验前照灯光束照射位置。

附录 E
(规范性附录)
气密性检验方法

E.1 压缩天然气汽车和汽油/压缩天然气两用燃料汽车气密性检验

E.1.1 检验内容

储气系统的气密性检验包括 3～5 MPa 天然气低压检漏检验和 20 MPa 天然气高压气密性检验。

E.1.2 3～5 MPa 天然气低压检漏检验

可任选下列两种方法之一进行低压检漏检验:

a. 检漏液检验

用肥皂泡沫或其他非腐蚀性的发泡水涂于所有管路接头上,待消除附着的表面气体后,观察有无气泡发生。

b. 气体检漏仪检验

使用气体检漏仪检查所有管路接头,不应出现漏气现象。

在气体检漏仪发现泄漏后,应采用检漏液检验法证实泄漏的存在和确定泄漏的地方。

E.1.3 20 MPa 天然气高压气密性检验

低压检漏检验确认无泄漏后,进行 20 MPa 天然气高压气密性检验,5 min 内不允许有气体泄漏现象。

如发现管路有气体泄漏,应关闭集成阀,待管路中的气体排出后,再拧紧卡套或接头。不许带压紧固。

E.2 液化石油气汽车和汽油/液化石油气两用燃料汽车气密性检验

储气系统的气密性检验可任选检漏液检验、气体检漏仪检验和压力计检验三种方法之一进行。

压力计检验的方法为:将压力计与管路连接,当在额定工作压力 2.2 MPa 下,观察 1 min,压力表不允许有降压现象。

检漏液检验法和气体检漏仪检验法见 E.1.2。

附录 F
(规范性附录)
驾驶人耳旁噪声检验方法

测量驾驶人耳旁噪声时;

F.1 汽车空载,处于静止状态且置变速器于空挡,发动机应处于额定转速状态,门窗紧闭。

F.2 测量位置应符合 GB/T 18697—2002 的规定。

F.3 环境噪声应低于被测噪声值至少 10 dB(A)。

F.4 声级计置于“A”计权、“快”挡。

参考文献

[1] 但佳璧.汽车性能检测与设备[M].北京：人民邮电出版社，2009.
[2] 常健.汽车使用性能与仪器设备[M].上海：上海科学技术出版社，2007.
[3] 仇雅莉.汽车整车性能与检测[M].北京：机械工业出版社，2010.
[4] 中国汽车维修行业协会.车辆技术评估(模块 H)[M].北京：人民交通出版社，2008.
[5] 李雷.实施汽车检测作业[M].北京：机械工业出版社，2010.
[6] 沈辉，徐礼超.汽车检测技术实验教程[M].北京：中国电力出版社，2007.
[7] 赵英君.汽车性能检测[M].北京：科学出版社，2009.
[8] 陈焕江.汽车检测与诊断：上册[M].北京：机械工业出版社，2007.